Dr. Oetker

Party Salate

Dr. Oetker

Party Salate

Dr. Oetker Verlag

04

Mal wieder im Trend? Oder doch der Dauerbrenner auf jedem Buffet?

Ganz gleich ob gerade angesagt oder immer hoch im Kurs: Salate aus großen Schüsseln sind ideal für gesellige Runden.

Bunt gemischt und erstklassig vorzubereiten: Unsere 70 Salatofferten garantieren, dass jeder Ihrer Gäste geschmacklich auf seine Kosten kommt und Sie als Gastgeber entspannt die Party genießen können.

Mediterraner Mittelmeer-Salat, getoppter Ravioli-Salat, feiner Gemüse-Kartoffel-Salat mit Lachs und karamellisierter Ananas-Kürbis-Salat – überraschen Sie Ihre Partygäste mit genussvollen Salatkreationen, die auch noch satt machen.

Sie haben selbst eine Partyeinladung erhalten und möchten einen Beitrag zum Buffet leisten? Auch kein Problem: Der Kalbfleisch-Bulgur-Salat mit Chutney, der Heringssalat und die Salattorte überstehen auch eine kleine „Reise“.

Weitere Tipps rund um die Salate, zum Zubereiten und zum Mitnehmen, finden Sie direkt auf den Rezeptseiten und auf der Ratgeberseite 156.

Die leicht verständliche Beschreibung der Rezepte stellt sicher, dass Ihnen die Salat-„Anmache“ gelingt.

Seite 96–121

Vegetarische Salate

Seite 122–155

Salate mit Fleisch

08

Schnelle Salate

Originell und einfach ist das Motto in diesem Salatkapitel. Linsen machen hier die Bekanntschaft mit Matjesfilets, Chorizo oder Couscous.
Sherry-Essig-Dressing, Tunfischsauce und Frischkäse-Topping sind schnell gerührt und sorgen für die geschmackliche Krönung. Alle Rezepte sind in maximal 60 Minuten fertig und bereit zum Durchziehen oder Servieren.

Tipp zum Vorbereiten

* Der Salat kann 2–3 Stunden vor dem Verzehr bis einschließlich Punkt 3 vorbereitet werden und zugedeckt im Kühlschrank stehen.

Bierknackersalat mit Laugencroûtons

Würzig

Zubereitungszeit: 60 Minuten
12 Portionen

15 Bierknacker (oder Schinkenbeißer, dünne Rauchenden, etwa 750 g)
3 Bund Frühlingszwiebeln
5 rote Zwiebeln
3 Bund Radieschen

Für die Sauce:
180 ml Weinessig
75 ml Gemüsebrühe
Salz
etwas Zucker
gem. Pfeffer
185 ml Maiskeimöl

3 Köpfe Eisbergsalat

Für die Laugencroûtons:
4–5 Laugenbrezeln oder Laugenbrötchen
etwa 80 g Butter

01 Bierknacker in dünne Scheiben schneiden und in eine große Schüssel geben.

02 Die Frühlingszwiebeln putzen, abspülen, abtropfen lassen und in dünne Scheiben schneiden. Zwiebeln abziehen, halbieren und in dünne Scheiben schneiden oder hobeln. Radieschen putzen, abspülen, abtropfen lassen, vierteln oder in Spalten schneiden und mit den Zwiebeln zu den Wurstscheiben geben.

03 Für die Sauce Essig mit Gemüsebrühe verrühren, mit Salz, Zucker und Pfeffer würzen. Das Öl unterschlagen und die Sauce mit den vorbereiteten Salatzutaten vermengen.

04 Den Eisbergsalat putzen, abspülen und abtropfen lassen. Die Köpfe vierteln und in mundgerechte Stücke schneiden. Die Salatstücke untermischen.

05 Für die Laugencroûtons die Brezeln oder Brötchen in kleine Würfel schneiden. Die Butter in einer großen Pfanne zerlassen. Die Laugengebäckwürfel in der Pfanne unter gelegentlichem Rühren von allen Seiten knusprig braten.

06 Zum Servieren den Salat nochmals durchmischen, abschmecken und die Croûtons dazureichen.

Pro Portion: E: 15 g, F: 45 g, Kh: 27 g, kJ: 2382, kcal: 572, BE: 1,5

Tipp zum Vorbereiten

* Der Salat kann gut 2–3 Stunden vor dem Servieren zubereitet werden und zugedeckt im Kühlschrank durchziehen.

Tomaten-Bulgur-Salat

Leichter Sommersalat

Zubereitungszeit: 45 Minuten, ohne Durchziehzeit
12 Portionen

600 g Bulgur
etwa 1 ¼ l Gemüsebrühe
1 ½ kg Tomaten
450 g Frühlingszwiebeln
1–2 Salatgurken (etwa 525 g)

Für die Salatsauce:
etwa 150 ml Zitronensaft
etwa 6 EL Olivenöl
Salz
gem. Pfeffer
3 Msp. gem. Kreuzkümmel (Cumin)

2 Bund Petersilie
1 Bund Minze

01 Bulgur mit der Gemüsebrühe nach Packungsanleitung in einem Topf zubereiten. Den garen Bulgur in eine Salatschüssel geben.

02 In der Zwischenzeit die Tomaten kreuzweise einschneiden und mit kochendem Wasser übergießen. Nach 1–2 Minuten herausnehmen und mit kaltem Wasser abschrecken.

03 Tomaten enthäuten, halbieren und die Stängelansätze herausschneiden. Die Tomaten entkernen und das Fruchtfleisch in kleine Stücke schneiden.

04 Frühlingszwiebeln putzen, abspülen, abtropfen lassen und in feine Scheiben schneiden. Die Salatgurken abspülen, abtrocknen und die Enden abschneiden, Gurken evtl. schälen. Die Gurken längs halbieren, entkernen und in kleine Würfel schneiden.

05 Den Bulgur mit 2 Gabeln etwas auflockern. Tomatenstücke, Frühlingszwiebelscheiben und Gurkenwürfel unterheben.

06 Für die Salatsauce 120 ml Zitronensaft mit dem Olivenöl verschlagen, mit Salz, Pfeffer und Kreuzkümmel würzen. Die Sauce mit den Salatzutaten vermengen und zugedeckt etwa 30 Minuten im Kühlschrank durchziehen lassen.

07 Zum Servieren die Petersilie und Minze abspülen, trocken tupfen und die Blättchen von den Stängeln zupfen. Die Blättchen fein hacken und unter den Salat heben. Den Salat mit dem restlichen Zitronensaft und den Gewürzen abschmecken und servieren.

Beilage: Der Salat ist lecker zu gegrillten Garnelen oder Fisch.

Pro Portion: E: 7 g, F: 6 g, Kh: 41 g, kJ: 1055, kcal: 252, BE: 3,0

14

Tipp zum Vorbereiten

* Die Salattorte ist ideal zum Vorbereiten am Vortag, da sie gut durchziehen muss.

Salattorte

Schon ein Klassiker

Zubereitungszeit: 60 Minuten, ohne Durchziehzeit
12 Portionen

Für die Salattorte:
1 kleiner Eisbergsalat
1 Salatgurke
1 Gemüsezwiebel
500 g Tomaten
1 Stange Porree (Lauch)
250 g Kochschinken (in dünnen Scheiben)
5 hart gekochte Eier
1 Bund Radieschen
250 g Gouda

Für die Salatsauce:
350 g Salatmayonnaise
200 g Schlagsahne
5–6 EL Milch (3,5 % Fett)
1 TL Italienische Gewürzzubereitung
Salz
gem. Pfeffer
1 Prise Zucker
2 EL gehackte Petersilie
6 EL Schnittlauchröllchen

12 Cocktailtomaten
12 kleine Holzspieße

01 Für die Salattorte Eisbergsalat putzen, halbieren, abspülen und abtropfen lassen. Salat in grobe Streifen schneiden.

02 Die Gurke abwaschen, abtrocknen, die Enden abschneiden und nach Belieben schälen. Die Gurke in dünne Scheiben schneiden. Gemüsezwiebel abziehen, halbieren und in Scheiben schneiden.

03 Tomaten abspülen, abtrocknen, halbieren und die Stängelansätze herausschneiden. Die Tomaten in Scheiben schneiden. Porree putzen, die Stange längs einschneiden, gründlich waschen und gut abtropfen lassen. Porree in feine Streifen schneiden.

04 Schinken in Stücke schneiden. Eier pellen und in Scheiben schneiden. Radieschen putzen, abspülen, trocken tupfen und ebenfalls in Scheiben schneiden. Käse grob raspeln.

05 Die Zutaten in der Reihenfolge der Zutatenliste in eine Springform (Ø 28 cm) schichten, dabei jede Lage etwas andrücken. Zuletzt den geraspelten Käse daraufstreuen. Die Salattorte zugedeckt im Kühlschrank 12–24 Stunden durchziehen lassen.

06 Die Zutaten für die Salatsauce kurz vor dem Servieren vermischen. Die Mayonnaise mit Sahne und Milch verrühren. Die Sauce mit Gewürzzubereitung, Salz, Pfeffer und Zucker würzen, Petersilie und Schnittlauchröllchen unterrühren.

07 Die Cocktailtomaten abspülen, trocken tupfen, halbieren und evtl. die Stängelansätze entfernen. Die Salattorte mit den Cocktailtomaten mit kleinen Holzspießchen wie eine Torte garnieren.

08 Den Springformrand vorsichtig lösen, die Torte mit einem Sägemesser oder besser noch mit einem elektrischen Messer in Stücke schneiden. Die Salatsauce separat zu der Salattorte reichen.

Tipp: Belegen Sie die Oberfläche der Salattorte vor dem Durchziehen mit Frischhaltefolie. Beschweren Sie die Torte mit einem passenden, flachen Teller, so hält sie gut zusammen.

Pro Portion: E: 15 g, F: 30 g, Kh: 7 g, kJ: 1512, kcal: 361, BE: 0,5

Tipps zum Vorbereiten

* Die roten Linsen können Sie wie in Punkt 1 beschrieben bereits am Vortag zubereiten, erkalten lassen und zugedeckt in den Kühlschrank stellen.

* Der Salat kann bis zu 3 Stunden vor dem Servieren zubereitet werden und im Kühlschrank durchziehen.

Roter Salat

Genuss wie im Urlaub

Zubereitungszeit: 60 Minuten, ohne Durchziehzeit
12 Portionen

500 g rote Linsen
etwa 1 kg Chorizo-Wurst (im Naturdarm)
12 rote Paprikaschoten (etwa 1 ¾ kg)
1 kg kleine Tomaten
5 große rote Zwiebeln (etwa 820 g)
3–4 Stängel Koriander
800 g rote Kidneybohnen (1 große Dose mit Flüssigkeit)

725 ml Sweet- & Sour-Sauce
3 gestr. TL Sambal Oelek
Salz
gem. Pfeffer

01 Die roten Linsen nach Packungsanleitung etwa 10 Minuten garen (die Linsen sollten noch leicht Biss haben und nicht zerkocht sein). Dann die Linsen in einem Sieb gut abtropfen lassen. Chorizo in dünne Scheiben schneiden.

02 Paprikaschoten halbieren, entstielen, entkernen, weiße Scheidewände entfernen. Schoten abspülen, abtropfen lassen und grob würfeln. Die Tomaten abspülen, abtropfen lassen, halbieren und die Stängelansätze herausschneiden. Tomaten in Spalten schneiden.

03 Die Zwiebeln abziehen, halbieren und in schmale Spalten schneiden. Koriander abspülen, trocken tupfen und die Blättchen von den Stängeln zupfen. Einige Blättchen zum Garnieren beiseitelegen. Die restlichen Blättchen fein schneiden.

04 Die Kidneybohnen mit der Flüssigkeit in eine große Schüssel füllen und mit den Linsen, Wurstscheiben, Paprikawürfeln, Tomaten, Zwiebelspalten und Koriander gut vermischen.

05 Die Sweet- & Sour-Sauce mit dem Sambal Oelek vermischen und auf die Salatzutaten geben. Die Sauce mit den Salatzutaten vermischen. Den Salat mit Salz und Pfeffer abschmecken. Salat zugedeckt etwa 1 Stunde im Kühlschrank durchziehen lassen.

06 Zum Servieren den Salat nochmals durchmischen, abschmecken und mit den beiseitegelegten Korianderblättchen garnieren.

Pro Portion: E: 37 g, F: 35 g, Kh: 59 g, kJ: 3173, kcal: 759, BE: 4,5

Tipp zum Vorbereiten

* Der Salat ist schnell gemacht und schmeckt frisch zubereitet am besten. Aber Sie können die Zutaten etwa 2 Stunden vor dem Servieren einzeln vorbereiten und zugedeckt (die Schmandsauce und die Putenstreifen im Kühlschrank) beiseitestellen. Dann den Salat kurz vor dem Servieren anrichten.

Chinakohlsalat mit Schmandsauce

Fruchtig-knackig getoppt

Zubereitungszeit: 60 Minuten
12 Portionen

2 dicke Stangen Porree (Lauch)
Salzwasser
1,8 kg Chinakohl

Für die Schmandsauce:
500 g Schmand
50 ml Milch (3,5 % Fett)
3–4 EL Zitronensaft
Salz
gem. Pfeffer
1 gestr. TL gem. Koriander
1 EL Zucker

1 kg Putenbrustaufschnitt
4 Orangen
200 g Cashewkerne
175 g abgetropfte Sojabohnen-Keimlinge (aus dem Glas)

01 Porree putzen, die Stangen längs einschneiden, waschen, abtropfen lassen und in schmale Streifen schneiden. Salzwasser in einem Topf zum Kochen bringen und die Porreestreifen kurz darin blanchieren. Dann die Porreestreifen in ein Sieb geben, mit kaltem Wasser abschrecken und abtropfen lassen.

02 Von dem Chinakohl die äußeren welken Blätter entfernen, den Kohl vierteln und den Strunk herausschneiden. Chinakohl abspülen, gut abtropfen lassen und in schmale Streifen schneiden.

03 Für die Schmandsauce den Schmand mit der Milch verrühren, mit Zitronensaft, Salz, Pfeffer, Koriander und Zucker würzen. Die Sauce mit den Chinakohl- und Porreestreifen vermischen.

04 Den Putenbrustaufschnitt in schmale Streifen schneiden. Die Orangen mit einem Messer so schälen, dass die weiße Haut mit entfernt wird. Die Filets aus den Trennhäuten und in Stücke schneiden. Dabei den Saft auffangen und unter die Chinakohl-Porree-Mischung geben.

05 Die Cashewkerne hacken, in einer Pfanne ohne Fett unter gelegentlichem Rühren leicht anrösten und auf einen Teller geben.

06 Die Chinakohl-Porree-Mischung auf einer großen Platte verteilen. Die Putenstreifen, Orangenfiletstücke und Sojabohnen-Keimlinge darauf verteilen. Den Salat mit den Cashewkernen bestreuen und servieren.

Beilage: Frisch getoastete Vollkorntoastscheiben.

Tipp: Sie können den Salat anstelle von Chinakohl auch mit Eisbergsalat zubereiten.

Pro Portion: E: 28 g, F: 20 g, Kh: 14 g, kJ: 1490, kcal: 356, BE: 1,0

Mittelmeer-Salat

Leichter mediterraner Genuss

Zubereitungszeit: 50 Minuten, ohne Abkühl- und Durchziehzeit
12 Portionen

Tipp zum Vorbereiten

* Der Salat kann bis einschließlich Punkt 7 zubereitet werden und 2–3 Stunden zugedeckt im Kühlschrank durchziehen.

600 g Bulgur
1 ¼ l Gemüsebrühe
9 Fleischtomaten (je etwa 275 g)
900 g Zucchini
9 gelbe Spitzpaprika (etwa 900 g, ersatzweise 6 kleine, gelbe Paprikaschoten)

Für die Salatsauce:
2–3 milde, rote Peperoni
150–200 ml Zitronensaft
150 ml Olivenöl
Salz
gem. Pfeffer
Paprikapulver rosenscharf

einige Stängel Petersilie und Thymian

01 Bulgur mit der Gemüsebrühe nach Packungsanleitung in einem Topf zubereiten. Den garen Bulgur in eine große Schüssel geben und abkühlen lassen.

02 Inzwischen die Fleischtomaten kreuzweise einschneiden und mit kochendem Wasser übergießen. Nach 1–2 Minuten herausnehmen und mit kaltem Wasser abschrecken. Die Tomaten enthäuten, halbieren und die Stängelansätze herausschneiden. Tomaten entkernen und das Fruchtfleisch in kleine Stücke schneiden.

03 Die Zucchini abspülen, abtrocknen und die Enden abschneiden. Die Zucchini in kleine Würfel schneiden. Spitzpaprika halbieren, entstielen, entkernen und die weißen Scheidewände entfernen. Schotenhälften abspülen, abtropfen lassen und in Stücke schneiden.

04 Den Bulgur mit 2 Gabeln etwas auflockern. Tomatenstücke, Zucchiniwürfel und Paprikastücke unterheben.

05 Für die Salatsauce die Peperoni längs aufschneiden, entkernen und die Scheidewände herausschneiden. Schotenhälften abspülen, trocken tupfen und in Streifen schneiden.

06 Die Peperonistreifen mit etwa 125 ml vom Zitronensaft verrühren, das Olivenöl unterschlagen. Die Zutaten mit Salz, Pfeffer und Paprikapulver würzen.

07 Die Sauce mit den Salatzutaten vermengen und zugedeckt etwa 30 Minuten durchziehen lassen.

08 Zum Servieren Petersilie und Thymian abspülen, trocken tupfen und die Blättchen von den Stängeln zupfen. Blättchen fein hacken und unter den Salat geben.

09 Den Salat nochmals durchmischen, mit dem restlichen Zitronensaft und den Gewürzen abschmecken und servieren.

Tipps: Für ein intensiveres Aroma können Sie die gehackten Kräuter auch am Anfang mit den übrigen Salatzutaten zum Bulgur geben. Der Mittelmeer-Salat ist zum Mitnehmen geeignet. Wenn Sie es herzhafter mögen, geben Sie zusätzlich 2–3 Knoblauchzehen und 1 Gemüsezwiebel (beides abgezogen und fein gehackt) mit dem Gemüse zum Bulgur.

Pro Portion: E: 11 g, F: 14 g, Kh: 41 g, kJ: 1420, kcal: 336, BE: 3,0

Tipp zum Vorbereiten

* Der Salat ist schnell zubereitet und eignet sich deshalb gut, wenn kurzfristig Besuch ins Haus steht. Sie können den Salat aber auch bis einschließlich Punkt 3 zubereiten und zugedeckt im Kühlschrank 3–4 Stunden oder über Nacht durchziehen lassen.

Hähnchensalat „California-Style“

Frisch & leicht

Zubereitungszeit: 60 Minuten, ohne Abkühlzeit
12 Portionen

7 ½ l Wasser
7 ½ gestr. TL Salz
750 g Nudeln (z. B. Farfalle)

Für das Dressing:
5 Knoblauchzehen
275 ml Apfelessig
6 TL milder Dijon-Senf
6 TL flüssiger Honig
Salz
gem. Pfeffer
125 ml Olivenöl

8–10 rote Zwiebeln
1 ¼ kg Champignons
350 g Rucola (Rauke)
1 ¼ kg Mango-Fruchtfleisch (etwa 4 Mangos)

400 g geräucherter Hähnchenbrust-Aufschnitt, in feinen Scheiben

01 Die Hälfte des Wassers in einem großen Topf zugedeckt zum Kochen bringen. Dann jeweils die Hälfte vom Salz und den Nudeln zugeben. Die Nudeln im geöffneten Topf bei mittlerer Hitze nach Packungsanleitung bissfest kochen, dabei gelegentlich umrühren.

02 Die garen Nudeln in ein Sieb geben, mit kaltem Wasser abspülen und abtropfen lassen. Das restliche Wasser in dem Topf zum Kochen bringen, die restlichen Nudeln mit dem restlichen Salz darin auf die gleiche Weise zubereiten. Die Nudeln abkühlen lassen.

03 In der Zwischenzeit für das Dressing Knoblauch abziehen, klein würfeln und mit etwas Salz auf einem Schneidbrett fein zerreiben. Knoblauch mit Essig, Senf, Honig, Salz und Pfeffer verrühren. Das Olivenöl unterschlagen. Das Dressing mit den Nudeln in einer großen Schüssel vermischen.

04 Zwiebeln abziehen, zuerst in feine Scheiben schneiden, dann in Ringe teilen. Champignons putzen, evtl. kurz abspülen, trocken tupfen und in feine Scheiben schneiden. Die Zwiebelringe und Pilzscheiben mit den Nudeln vermischen.

05 Rucola putzen und dicke Stängel entfernen. Rucola abspülen, gut abtropfen lassen oder trocken schleudern und evtl. etwas kleiner zupfen. Das Mango-Fruchtfleisch in feine Spalten schneiden. Rucola und Mangospalten vorsichtig unter die marinierten Nudeln heben, mit Salz und Pfeffer abschmecken. Den Salat mit dem Hähnchenbrust-Aufschnitt dekorativ anrichten.

Tipp: Statt Rucola können Sie natürlich auch einen knackigen Salat für dieses Gericht verwenden. Eisberg-, Römer- oder Endiviensalat eignen sich besonders gut.

Pro Portion: E: 21 g, F: 13 g, Kh: 64 g, kJ: 1951, kcal: 467, BE: 5,0

24

Tipp zum Vorbereiten

* Der Salat kann 3–4 Stunden vor dem Servieren zubereitet werden und im Kühlschrank durchziehen.

Zigeunersalat

Gelingt leicht

Zubereitungszeit: 45 Minuten, ohne Durchziehzeit
12 Portionen

etwa 1 kg Fleischwurst (am Stück)
4 Zwiebeln
etwa 360 g abgetropfte Gewürzgurken (aus dem Glas)
9 mittelgroße Tomaten
555 g abgetropfte Perlzwiebeln (Silberzwiebeln, aus dem Glas)
2 EL abgetropfte Kapern

Für die Salatsauce:
50 ml Zigeunersauce
etwa 100 ml Gurkenflüssigkeit (aus dem Glas)
etwas Tabasco
Salz
gem. Pfeffer
2–3 Prisen Zucker

einige Stängel Petersilie
250 ml Zigeunersauce

01 Die Fleischwurst enthäuten, zuerst in Scheiben, dann in Streifen schneiden. Zwiebeln abziehen und klein würfeln. Gewürzgurken der Länge nach zuerst in Scheiben, dann in Streifen schneiden.

02 Tomaten abspülen, abtrocknen, vierteln und die Stängelansätze herausschneiden. Tomaten in Stücke schneiden.

03 Die Perlzwiebeln halbieren. Fleischwurststreifen, Zwiebelwürfel, Gewürzgurkenstreifen, Tomatenstücke und Perlzwiebeln mit den Kapern in einer großen Schüssel mischen.

04 Für die Salatsauce die Zigeunersauce mit der Gurkenflüssigkeit verrühren, mit Tabasco, Salz, Pfeffer und Zucker würzen. Die Salatsauce mit den Salatzutaten vermischen. Den Salat zugedeckt etwa 30 Minuten im Kühlschrank durchziehen lassen.

05 Den Salat vor dem Servieren nochmals durchmischen, mit den Gewürzen und etwas Gurkenflüssigkeit abschmecken. Petersilie abspülen, trocken tupfen und die Blättchen von den Stängeln zupfen. Den Salat mit den Blättchen garnieren und mit der Zigeunersauce servieren.

Beilage: Frisches Mischbrot oder Roggenbrötchen.

Pro Portion: E: 12 g, F: 23 g, Kh: 17 g, kJ: 1360, kcal: 324, BE: 1,0

26

Tipp zum Vorbereiten

* Der Salat schmeckt am besten, wenn er etwa 2 Stunden zugedeckt bei Zimmertemperatur durchziehen kann. Steht er im Kühlschrank, dann den Salat vor dem Servieren etwa eine halbe Stunde vor Ende der Durchziehzeit herausnehmen.

Couscous-Linsen-Salat

Für die Sommerparty

Zubereitungszeit: 55 Minuten, ohne Durchziehzeit
12 Portionen

750 g Couscous
Gemüsebrühe

600 g rote Linsen
Wasser
6 Zwiebeln
3 Knoblauchzehen
6 gelbe Paprikaschoten
3 große Salatgurken
6 Fleischtomaten

Für die Salatsauce:
Saft von 3 Zitronen
6–9 EL Olivenöl
Salz
gem. Pfeffer
1 ½ TL Chilipulver
Zucker
1 Bund Petersilie

01 Couscous nach Packungsanleitung mit der Gemüsebrühe (die auf der Packung angegebene Flüssigkeitsmenge verwenden) zubereiten. Couscous erkalten lassen.

02 In der Zwischenzeit die Linsen nach Packungsanleitung in reichlich Wasser in etwa 10 Minuten bissfest garen. Die garen Linsen in ein Sieb abgießen und mit kaltem Wasser abschrecken. Anschließend Linsen abtropfen, abkühlen lassen und beiseitestellen.

03 Inzwischen Zwiebeln und Knoblauch abziehen, beides fein würfeln. Paprikaschoten halbieren, entstielen, entkernen und die weißen Scheidewände entfernen. Schoten abspülen, abtropfen lassen und in kleine Würfel schneiden. Salatgurken abspülen, abtrocknen und die Enden abschneiden. Die Gurken längs halbieren, entkernen und in schmale Streifen schneiden.

04 Tomaten kreuzweise einschneiden und mit kochendem Wasser übergießen. Nach 1–2 Minuten herausnehmen und mit kaltem Wasser abschrecken. Tomaten enthäuten, halbieren und die Stängelansätze herausschneiden. Tomaten in kleine Stücke schneiden.

05 Den Couscous in eine große Salatschüssel geben und mit 2 Gabeln etwas auflockern. Zwiebel-, Knoblauch- und Paprikawürfel sowie Gurkenstreifen und Tomatenstücke unter den Couscous heben.

06 Für die Sauce Zitronensaft mit Öl verschlagen, mit Salz, Pfeffer, Chilipulver und Zucker abschmecken. Die Sauce zu dem Salat geben. Die Salatzutaten vermengen. Zuletzt die Linsen vorsichtig untermischen. Den Couscous-Linsen-Salat zugedeckt mindestens 1 Stunde durchziehen lassen.

07 Vor dem Servieren Petersilie abspülen, trocken tupfen und die Blättchen von den Stängeln zupfen. Blättchen fein hacken und unter den Salat geben. Den Salat nochmals durchmischen, abschmecken und servieren.

Tipps: Dem Couscous-Linsen-Salat lassen sich mit verschiedenen Kräutern, wie zum Beispiel Kerbel, Minze oder Schnittlauch, vielfältige Geschmacksnuancen entlocken. Angenehm scharf wird er mit zusätzlichen Frühlingszwiebelscheiben (von 2–3 Bund geputzten Frühlingszwiebeln), die einfach untergemischt werden.

Pro Portion: E: 23 g, F: 10 g, Kh: 81 g, kJ: 2177, kcal: 514, BE: 6,5

28

Tipp zum Vorbereiten

* Die Pinienkerne können Sie einige Stunden vor dem Servieren anrösten.

Staudensellerie mit Gorgonzola und Feigensenf

Fürs italienische Buffet

Zubereitungszeit: 50 Minuten
12 Portionen

300 g Pinienkerne

3 Staudensellerie mit Grün (1 ¾–2 kg)
3 Radicchio
120 ml Olivenöl
gem. Pfeffer
Salz
750 g Gorgonzola (Blauschimmelkäse)

etwa 180 g Feigensenf

01 Die Pinienkerne auf einem Backblech verteilen und bei Ober-/Unterhitze: etwa 180 °C, Heißluft: etwa 160 °C etwa 10 Minuten rösten. Oder die Pinienkerne in einer Pfanne ohne Fett unter Wenden hellbraun rösten. Pinienkerne auf einen Teller geben.

02 In der Zwischenzeit Staudensellerie putzen, abspülen, abtropfen lassen und die harten Außenfäden abziehen. Etwas Selleriegrün zum Garnieren beiseitelegen. Die Stangen schräg in dünne Scheiben schneiden.

03 Radicchio putzen und die äußeren welken Blätter entfernen. Radicchio halbieren und den Strunk herausschneiden. Radicchio abspülen, abtropfen lassen und in feine Streifen schneiden.

04 Selleriescheiben und Radicchiostreifen auf einer großen Platte anrichten. Das Olivenöl daraufträufeln. Salat mit Pfeffer bestreuen und leicht salzen (vorsichtig salzen, da der Käse salzig ist).

05 Gorgonzola mit 2 Gabeln zerbröseln. Beiseitegelegtes Selleriegrün abspülen, trocken tupfen und die Blättchen von den Stängeln zupfen. Die Gorgonzolabrösel auf dem Salat verteilen.

06 Den Salat mit Pinienkernen bestreuen und mit Sellerieblättern garnieren. Den Feigensenf dazureichen.

Beilage: Grissini (italienische Gebäckstangen).

Tipp: Wenn Sie möchten, dann blanchieren Sie die Selleriescheiben kurz in kochendem Salzwasser.

Pro Portion: E: 20 g, F: 43 g, Kh: 16 g, kJ: 2190, kcal: 524, BE: 1,0

Tipp zum Vorbereiten

* Der Linsensalat kann bereits am Vortag zubereitet werden und im Kühlschrank wie beschrieben durchziehen.

Linsensalat mit Matjes

Originell und einfach

Zubereitungszeit: 60 Minuten, ohne Durchziehzeit
12 Portionen

1 kg Pardinalinsen
400 g Schinkenspeckwürfel
8 Schalotten (etwa 250 g)
8 rote Paprikaschoten (etwa 1 ¼ kg)
1 Bund glatte Petersilie
etwa 1 ¼ kg gut abgetropfte Rauchmatjesfilets oder Matjesfilets

Für das Dressing:
200 ml Sherry-Essig
70 g Honig, z. B. Akazienhonig
Salz
gem. Pfeffer
200 ml Speiseöl, z. B. Rapsöl

01 Die Linsen nach Packungsanleitung zubereiten. Dann in ein Sieb abgießen und abtropfen lassen.

02 Inzwischen die Speckwürfel in einer Pfanne ohne weitere Fettzugabe bei schwacher Hitze kross ausbraten. Dann die Speckwürfel auf Küchenpapier abtropfen lassen.

03 Die Schalotten abziehen, längs halbieren und in dünne Scheiben schneiden. Die Paprikaschoten halbieren, entstielen, entkernen und die weißen Scheidewände entfernen. Schoten abspülen, abtropfen lassen, vierteln und in Streifen schneiden.

04 Petersilie abspülen, trocken tupfen und die Blättchen von den Stängeln zupfen. Einige Blättchen zum Garnieren beiseitelegen. Die restlichen Blättchen fein schneiden.

05 Matjesfilets in mundgerechte Stücke schneiden und in einer großen Schüssel mit Linsen, Schalotten, Speckwürfeln, Paprikastreifen und Petersilie mischen.

06 Für das Dressing Sherry-Essig mit dem Honig verrühren, mit Salz und Pfeffer würzen, danach das Speiseöl unterschlagen. Das Dressing mit den Salatzutaten vermischen. Den Salat zugedeckt im Kühlschrank etwa 1 Stunde durchziehen lassen.

07 Zum Servieren den Salat nochmals durchmischen, abschmecken und mit den beiseitegelegten Petersilienblättchen garnieren.

Beilage: Dazu Pumpernickel oder Vollkornbrot reichen.

Pro Portion: E: 46 g, F: 40 g, Kh: 53 g, kJ: 3173, kcal: 755, BE: 4,5

Tipp zum Vorbereiten

* Diesen Salat können Sie bis einschließlich Punkt 5 am Vortag zubereiten und über Nacht im Kühlschrank durchziehen lassen. Behalten Sie dann zum Garnieren 2 Frühlingszwiebeln (siehe Punkt 3) und einige Stängel Petersilie (siehe Punkt 4) zurück. Zum Servieren die Frühlingszwiebeln und die Petersilie wie im Rezept beschrieben vorbereiten und den Schichtsalat damit garnieren.

Schichtsalat mit Bohnen

Perfekt zum Vorbereiten

Zubereitungszeit: 60 Minuten, ohne Durchziehzeit
12 Portionen

Salzwasser
700 g grüne TK-Brechbohnen
300 g Staudensellerie
500 g Möhren
2 Bund Frühlingszwiebeln
8 hart gekochte Eier
400 g Kasseler-Aufschnitt

Für die Sauce:
1 Bund glatte Petersilie
500 g Salatmayonnaise
250 g Schmand (Sauerrahm)
250 g saure Sahne
1–2 TL flüssiger Honig
Salz
gem. Pfeffer
Cayennepfeffer

740 g abgetropfte Wachsbrechbohnen (aus dem Glas)
700 g abgetropfte weiße Riesenbohnen (aus der Dose)

01 Salzwasser in einem Topf zum Kochen bringen, grüne Bohnen hinzufügen und etwa 10 Minuten kochen lassen. Bohnen in ein Sieb geben, mit kaltem Wasser abspülen und abtropfen lassen.

02 Staudensellerie putzen, abspülen, abtropfen lassen und die harten Außenfäden abziehen. Selleriestangen in dünne Scheiben schneiden. Möhren putzen, schälen, abspülen, abtropfen lassen und grob raspeln.

03 Frühlingszwiebeln putzen, abspülen, abtropfen lassen und in dünne Scheiben schneiden. Einige Scheiben zum Garnieren beiseitelegen. Eier pellen und in Scheiben schneiden. Kasseler-Aufschnitt in Streifen schneiden.

04 Für die Sauce Petersilie abspülen, trocken tupfen und die Blättchen von den Stängeln zupfen. Einige Blättchen zum Garnieren beiseitelegen, restliche Blättchen fein schneiden. Mayonnaise mit Schmand, saurer Sahne und Honig verrühren, mit Salz, Pfeffer und Cayennepfeffer abschmecken. Petersilie unterrühren.

05 Nacheinander die vorbereiteten Zutaten und die Wachsbrech- und Riesenbohnen in 12 Portionsgläser oder eine große Schüssel schichten und mit der Salatsauce übergießen. Salat zugedeckt in den Kühlschrank stellen und etwa 12 Stunden durchziehen lassen.

06 Salat mit beiseitegelegten Petersilienblättchen und Frühlingszwiebelscheiben garnieren.

Pro Portion: E: 19 g, F: 34 g, Kh: 25 g, kJ: 2021, kcal: 482, BE: 2,0

34

Tipp zum Vorbereiten

* Zum Vorbereiten eignet sich bei diesem Salat nur der Minzejoghurt. Dieser kann 1–2 Stunden vor dem Servieren zubereitet werden und zugedeckt im Kühlschrank stehen.

Kichererbsensalat mit Zucchini und Minzejoghurt

Exotisch

Zubereitungszeit: 60 Minuten
12 Portionen

3 kg abgetropfte Kichererbsen (aus der Dose)
etwa 1 kg Radieschen
2½ kg Zucchini
4 Blattsalate, z.B. Eichblatt-, Frisée- oder Kopfsalat

Für den Minzejoghurt:
einige Stängel Minze
900 g Joghurt (1,5 % Fett)
12 EL Zitronensaft
6 gestr. TL Harissa (afrikanische Gewürzpaste)
Salz
gem. Pfeffer
1 TL Zucker

01 Die Kichererbsen kurz mit kaltem Wasser abspülen und gut abtropfen lassen.

02 Die Radieschen putzen, abspülen, abtropfen lassen und in dünne Scheiben schneiden.

03 Die Zucchini abspülen, abtrocknen und die Enden abschneiden. Zucchini auf der Haushaltsreibe grob raspeln.

04 Blattsalate putzen. Die Blätter vom Strunk zupfen, waschen und abtropfen lassen oder trocken schleudern. Salatblätter in mundgerechte Stücke zupfen.

05 Salatblätter mit Kichererbsen, Radieschenscheiben und Zucchiniraspeln in eine große Salatschüssel geben und vermischen.

06 Für den Minzejoghurt Minze abspülen, trocken tupfen und die Blättchen von den Stängeln zupfen. Blättchen fein schneiden.

07 Den Joghurt mit Minzestreifen, Zitronensaft und Harissa verrühren, mit Salz, Pfeffer und Zucker abschmecken.

08 Die Salatzutaten mit dem Minzejoghurt vermischen oder separat dazureichen.

Beilage: Fladenbrot.

Tipps: Radieschen gibt es vorwiegend in den wärmeren Monaten. In der kälteren Jahreszeit nehmen Sie statt Radieschen 1½ kg Cocktailtomaten. Tomaten abspülen, abtrocknen, je nach Größe halbieren oder vierteln und die Stängelansätze herausschneiden.
Harissa ist eine Gewürzpaste aus roten Chilischoten.
Sie schmeckt feurig-scharf – setzen Sie sie deshalb vorsichtig ein. Lassen Sie den Blattsalat unbedingt sehr gut abtropfen oder schleudern Sie ihn sehr gut trocken, damit die anderen Gemüsezutaten nicht verwässern.

Pro Portion: E: 26 g, F: 8 g, Kh: 54 g, kJ: 1708, kcal: 410, BE: 4,0

Tipp zum Vorbereiten

* Der Salat kann bereits etwa 4–5 Stunden vor dem Servieren zubereitet werden und zugedeckt im Kühlschrank durchziehen.

Nudelsalat mit Curry-Dressing

Das mögen auch Kinder

Zubereitungszeit: 50 Minuten, ohne Durchziehzeit
12 Portionen

10 l Wasser
10 gestr. TL Salz
1 kg kleine Muschelnudeln

je 3 rote und grüne Paprikaschoten

Für das Dressing:
600 g Schmand (Sauerrahm)
3 EL Sesamöl
Salz
gem. Pfeffer
6 TL mildes Currypulver
etwa 125 ml Kochflüssigkeit (von den Nudeln)

570 g abgetropfter Gemüsemais (aus der Dose)
6 hart gekochte Eier

01 Die Hälfte des Wassers in einem großen Topf zugedeckt zum Kochen bringen. Dann jeweils die Hälfte vom Salz und den Nudeln zugeben. Die Nudeln im geöffneten Topf bei mittlerer Hitze nach Packungsanleitung bissfest kochen, dabei gelegentlich umrühren.

02 Die garen Nudeln in ein Sieb geben, mit kaltem Wasser abspülen und abtropfen lassen. Dabei die Kochflüssigkeit auffangen und etwa 125 ml abmessen. Das restliche Wasser in dem Topf zum Kochen bringen, die restlichen Nudeln mit dem restlichen Salz darin auf die gleiche Weise zubereiten.

03 In der Zwischenzeit die Paprikaschoten halbieren, entstielen, entkernen und die weißen Scheidewände entfernen. Schotenhälften abspülen, abtropfen lassen und in kleine Stücke schneiden.

04 Für das Dressing Schmand mit Sesamöl in einer großen Salatschüssel verrühren. Dressing mit Salz, Pfeffer und Curry würzen.

05 Die abgemessene Kochflüssigkeit unter die Schmandmasse rühren. Nudeln untermischen. Den Salat etwa 5 Minuten durchziehen lassen. Mais und Paprikastücke unterheben. Den Salat nochmals mit Salz, Pfeffer und Curry abschmecken.

06 Eier pellen und sechsteln. Den Salat mit Eiersechsteln garnieren und mit Curry bestäubt servieren.

Tipps: Zusätzlich 250 g gewürfelten, gekochten Schinken oder gegarte, geschälte Garnelen unter den Salat mischen. Das Dressing wird etwas pikanter, wenn Sie den Saft von 1–2 Limetten unterrühren und das Dressing mit etwas Honig abschmecken.

Pro Portion: E: 18 g, F: 19 g, Kh: 71 g, kJ: 2229, kcal: 533, BE: 6,0

38

Tipp zum Vorbereiten

* Der Zwiebelsalat kann gut am Vortag zubereitet werden und zugedeckt im Kühlschrank über Nacht durchziehen.

Zwiebelsalat

Preiswert – einfach

Zubereitungszeit: 50 Minuten, ohne Durchziehzeit
12 Portionen

1½ kg Gemüsezwiebeln
50 ml Weißweinessig
1 TL Salz
2 EL Zucker
360 g abgetropfte Gewürzgurken (aus dem Glas)
500 g Fleischwurst
4 Äpfel (etwa 500 g)

Für die Salatsauce:
370 g Salatcreme (10 % Fett)
300 g Joghurt (3,5 % Fett)

01 Die Gemüsezwiebeln abziehen, halbieren und in schmale Streifen schneiden. Die Zwiebelstreifen in eine große Schüssel geben. Essig mit Salz und Zucker gut verrühren. Anschließend die Zwiebelscheiben damit übergießen.

02 Die Zwiebelscheiben mit einem Teller beschweren und die Schüssel mit Frischhaltefolie zudecken. Die Zwiebelscheiben etwa 2 Stunden durchziehen lassen (Zwiebelscheiben müssen nicht kalt gestellt werden).

03 Die Zwiebelscheiben in ein Sieb geben und gut abtropfen lassen. Die Gewürzgurken in schmale Streifen schneiden.

04 Die Fleischwurst enthäuten. Fleischwurst zuerst in Scheiben, dann in schmale Streifen schneiden. Äpfel schälen, vierteln, entkernen und in Stifte schneiden.

05 Die Zwiebelscheiben wieder in die Schüssel geben. Gurken-, Fleischwurststreifen und Apfelstifte gut untermengen.

06 Für die Salatsauce Salatcreme mit Joghurt verrühren und unter den Zwiebelsalat mischen. Den Zwiebelsalat zugedeckt im Kühlschrank mindestens 1 Stunde durchziehen lassen.

07 Zum Servieren den Salat nochmals durchmischen und abschmecken.

Beilage: Laugenbrezeln oder -brötchen, oder frisches Bauernbrot.

Tipp: Den Zwiebelsalat vor dem Servieren mit Schnittlauchröllchen bestreuen.

Pro Portion: E: 8 g, F: 16 g, Kh: 12 g, kJ: 951, kcal: 228, BE: 0,5

Schichtsalat mit Tunfischsauce

Gelingt leicht

Zubereitungszeit: 45 Minuten
12 Portionen

Tipp zum Vorbereiten

* Der Salat kann auch 3–5 Stunden vor dem Verzehr zubereitet werden, dann die einzelnen Schichten nicht würzen. Den Salat zudecken und in den Kühlschrank stellen.

Für die Salatsauce:
450 g abgetropfter Tunfisch in Lake
300 g Joghurt (3,5 % Fett)
200 ml Gemüsebrühe
125 ml Olivenöl
2–3 EL Zitronensaft
Salz
gem. Pfeffer

750 g gemischte Blattsalate (z. B. Lollo Rosso, Endiviensalat, Eisberg)
1 große Bio-Salatgurke
9–10 Tomaten
8 hart gekochte Eier (Größe M)
250 g Schweinebratenaufschnitt
500 g abgespülte, abgetropfte Kidneybohnen (aus der Dose)
370 g abgetropfter Gemüsemais (aus der Dose)
200 g geraspelter Emmentaler oder Gouda

2–3 EL abgetropfte Kapern

01 Für die Salatsauce Tunfisch zerpflücken und mit Joghurt, Brühe, Öl und Zitronensaft pürieren. Die Sauce mit Salz und Pfeffer kräftig abschmecken.

02 Die Salate putzen und die Blätter von den Strünken zupfen. Die Salatblätter vorsichtig waschen und gut abtropfen lassen oder trocken schleudern. Die Salatblätter in mundgerechte Stücke zupfen.

03 Die Gurke abspülen, abtrocknen und die Enden abschneiden. Die Gurke längs halbieren und in dünne Scheiben schneiden.

04 Tomaten abspülen, abtrocknen, halbieren und die Stängelansätze herausschneiden. Die Tomaten in Scheiben schneiden. Eier pellen und in Scheiben schneiden. Den Bratenaufschnitt in feine Streifen schneiden.

05 Die vorbereiteten Zutaten mit den Bohnen, dem Mais und dem Käse in eine große Glasschüssel schichten (die erste und die letzte Schicht sollte Blattsalat sein), dabei die Schichten nach Belieben mit Pfeffer und Salz bestreuen, jeweils etwas von der Sauce darauf verteilen. So fortfahren, bis die Salatzutaten verbraucht sind. Die restliche Sauce darauf verteilen.

06 Nach Belieben die Kapern hacken und auf den Salat geben.

Beilage: Fladenbrot.

Pro Portion: E: 29 g, F: 26 g, Kh: 16 g, kJ: 1720, kcal: 411, BE: 1,0

Mais-Bohnen-Salat mit Cabanossi

Raffinierte Mischung

Zubereitungszeit: 45 Minuten, ohne Abkühl- und Durchziehzeit
12 Portionen

Tipp zum Vorbereiten

* Der Salat kann auch schon am Vortag bis einschließlich Punkt 5 zubereitet werden und zugedeckt im Kühlschrank durchziehen.

350 g Langkornreis
Salzwasser
600 g Knabber-Cabanossi
2 gelbe Paprikaschoten
3 Stangen Staudensellerie
425 g abgetropfter Gemüsemais (aus der Dose)
500 g abgespülte, abgetropfte Kidneybohnen (aus der Dose)

Für die Marinade:
125 ml Weißweinessig
3 EL Tomatenketchup
1 EL milder Senf
2 Knoblauchzehen
150 ml Olivenöl
Salz
gem. Pfeffer
1 TL Zucker

01 Reis in kochendem Salzwasser nach Packungsanleitung garen. Reis in einem Sieb abtropfen und erkalten lassen.

02 Inzwischen Cabanossi in dünne Scheiben schneiden. Paprikaschoten halbieren, entstielen, entkernen und die weißen Scheidewände entfernen. Schotenhälften in kleine Würfel schneiden. Staudensellerie putzen und die harten Außenfäden abziehen. Selleriestangen abspülen, abtropfen lassen und in dünne Scheiben schneiden. Selleriegrün beiseitelegen.

03 Den Reis mit den Cabanossischeiben, Paprikawürfeln, Selleriescheiben, Mais und Kidneybohnen in eine große Schüssel geben und gut vermischen.

04 Für die Marinade Essig mit Ketchup und Senf verrühren. Knoblauch abziehen, durch eine Knoblauchpresse drücken und hinzufügen. Olivenöl unterschlagen. Die Marinade mit Salz, Pfeffer und Zucker würzen.

05 Die Marinade mit den Salatzutaten in der Schüssel gut vermischen. Den Salat zugedeckt etwa 2 Stunden durchziehen lassen.

06 Den Salat nochmals durchmischen, mit Salz und Pfeffer abschmecken. Beiseitegelegtes Selleriegrün grob zerkleinern. Den Salat vor dem Servieren mit dem Selleriegrün garnieren.

Pro Portion: E: 14 g, F: 28 g, Kh: 38 g, kJ: 1942, kcal: 463, BE: 3,0

Tipp zum Vorbereiten

* Der Salat kann bis einschließlich Punkt 4 etwa 4 Stunden vor dem Servieren vorbereitet werden.

Porree-Curry-Salat

Einfach zu machen

Zubereitungszeit: 50 Minuten, ohne Abkühl- und Durchziehzeit
12 Portionen

1 ¼ kg Porree (Lauch)
Salzwasser

Für das Dressing:
300 g Joghurt (1,5 % Fett)
250 g Salatmayonnaise
1 gestr. TL Zucker
etwa 2 EL Currypulver

1 ½ kg Hähnchenbrustfilets
Salz
gem. Pfeffer
3–4 EL Speiseöl, z. B. Rapsöl

100 g Cashewkerne

einige glatte Petersilienstängel zum Garnieren

01 Porree putzen, die Stangen längs halbieren, gründlich waschen und abtropfen lassen. Porree wahlweise in sehr dünne Ringe oder Streifen schneiden. Das Salzwasser in einem Topf zum Kochen bringen. Porree darin kurz blanchieren. Porree in ein Sieb geben, mit kaltem Wasser abschrecken, abtropfen und erkalten lassen.

02 Für das Dressing Joghurt mit Mayonnaise verrühren und mit Salz, Pfeffer, Zucker und Curry würzig abschmecken. Porree in eine große Schüssel geben, mit dem Dressing vermischen und zugedeckt im Kühlschrank etwa 1 Stunde durchziehen lassen.

03 Inzwischen die Hähnchenbrustfilets unter fließendem kalten Wasser abspülen, trocken tupfen und mit Salz und Pfeffer bestreuen. Das Speiseöl in einer großen Pfanne oder 2 Pfannen erhitzen. Die Hähnchenbrustfilets darin von allen Seiten in etwa 10 Minuten gut durchbraten. Dann die Filets erkalten lassen.

04 Die Cashewkerne in einer Pfanne ohne Fett goldbraun rösten.

05 Die Petersilie abspülen und trocken tupfen. Die Hähnchenbrustfilets in dünne Scheiben schneiden. Den Porreesalat nochmals durchmischen und abschmecken.

06 Zum Servieren den Salat auf einer großen Platte mit den Hähnchenfiletscheiben anrichten, mit Petersilie garnieren und mit Cashewkernen bestreuen.

Pro Portion: E: 34 g, F: 18 g, Kh: 7 g, kJ: 1360, kcal: 326, BE: 0,5

46

Tipp zum Vorbereiten

* Der Salat kann gut am Vortag zubereitet werden und über Nacht im Kühlschrank durchziehen.

Heringssalat

Klassisch und immer wieder gut

Zubereitungszeit: 45 Minuten, ohne Durchziehzeit
12 Portionen

1 kg abgetropfte Bismarckheringe (aus dem Glas)
2 mittelgroße Äpfel
10 gegarte Pellkartoffeln (vom Vortag)
500 g Rote Bete (gegart, vakuumverpackt)
etwa 500 g abgetropfte Gewürzgurken (aus dem Glas)
500 g Schweinebratenaufschnitt

250 g Salatmayonnaise
2 TL mittelscharfer Senf
Salz
gem. Pfeffer

1–2 EL Wild-Preiselbeerdessert
Zucker
evtl. etwas Gurkenflüssigkeit (aus dem Glas)

01 Die Bismarckheringe in kleine Stücke schneiden.

02 Die Äpfel schälen, vierteln und entkernen. Die Pellkartoffeln pellen. Äpfel und Kartoffeln in kleine Stücke schneiden.

03 Rote Bete, Gewürzgurken und Schweinebratenaufschnitt ebenfalls in kleine Stücke schneiden.

04 Die Salatmayonnaise mit Senf verrühren, mit Salz und Pfeffer würzen. Die Salatzutaten mit der Mayonnaisemischung und den Preiselbeeren leicht vermischen. Den Salat mit Zucker und evtl. etwas Gurkenflüssigkeit abschmecken.

05 Den Salat zugedeckt mindestens 1 Stunde im Kühlschrank durchziehen lassen.

06 Zum Servieren den Salat nochmals durchmischen, mit Salz, Pfeffer, Zucker und evtl. etwas Gurkenflüssigkeit abschmecken.

Beilage: Vollkorn-Baguette oder Roggenbrötchen.

Tipps: Den Salat zum Servieren mit etwas gehackter Petersilie bestreuen. Nach Belieben noch 1 Esslöffel abgetropfte, gehackte Kapern und eine abgezogene, fein gehackte Gemüsezwiebel unter den Salat geben.

Pro Portion: E: 24 g, F: 31 g, Kh: 26 g, kJ: 2035, kcal: 486, BE: 2,0

48

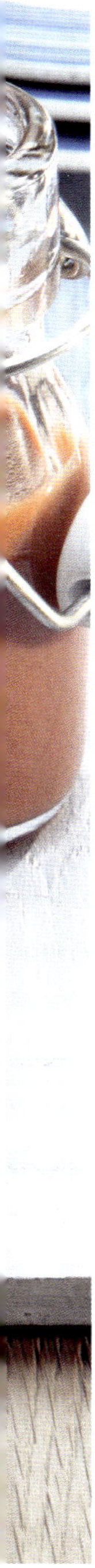

Artischocken-Avocado-Salat

Mit beschwipstem Dressing

Zubereitungszeit: 60 Minuten, ohne Abkühl- und Durchziehzeit
12 Portionen

Tipp zum Vorbereiten

* Der Salat kann bis zu 3 Stunden vor den Servieren fertig zubereitet werden und zugedeckt im Kühlschrank durchziehen.

4 Lachsforellenfilets (etwa 1 ¼ kg)
Salz
gem. Pfeffer
1–2 EL Zitronensaft

3 Bund Frühlingszwiebeln (etwa 600 g)
3 Bio-Salatgurken (etwa 1 ¼ kg)
800 g Cocktailtomaten
6 reife Avocados (etwa 1 ¼ kg, die Avocados sollten auf Druck nachgeben)
2 EL Zitronensaft
1 kg abgetropfte Artischockenherzen (aus dem Glas)
600 g abgetropfte Flusskrebsschwänze (in Lake)

Für das Dressing:
6 Knoblauchzehen
300 ml Portwein
200 ml Kräuteressig
4 EL Dijon-Senf
½ TL Zucker
300 ml Olivenöl

Außerdem:
Alufolie

01 Den Backofen vorheizen.
Ober-/Unterhitze: etwa 180 °C
Heißluft: etwa 160 °C

02 Die Lachsforellenfilets unter fließendem kalten Wasser abspülen, trocken tupfen und evtl. vorhandene Gräten entfernen. Die Filets auf ein Backblech (mit gefetteter Alufolie belegt) legen, mit Salz und Pfeffer würzen, mit Zitronensaft beträufeln.

03 Das Backblech in den vorgeheizten Backofen schieben. Die Fischfilets **etwa 15 Minuten garen.**

04 Inzwischen die Frühlingszwiebeln putzen, etwa ein Drittel des dunklen Grüns abschneiden. Die Zwiebeln abspülen, abtropfen lassen und in etwa 2 cm lange Stücke schneiden. Die Gurken abspülen, abtrocknen und die Enden abschneiden. Die Gurken längs vierteln oder sechsteln und in kleine Stücke schneiden.

05 Die Tomaten abspülen, abtrocknen, halbieren und die Stängelansätze herausschneiden. Avocados schälen, längs halbieren und die dicken Samenkerne entfernen. Das Fruchtfleisch grob würfeln und mit Zitronensaft vermischen. Die garen Fischfilets aus dem Backofen nehmen und abkühlen lassen.

06 In der Zwischenzeit die Artischockenherzen vierteln, mit den Zwiebel- und Gurkenstücken, den Tomatenhälften, den Avocadowürfeln und den Flusskrebsschwänzen vorsichtig vermischen. Die Fischfilets in mundgerechte Stücke schneiden oder zupfen und ebenfalls hinzugeben.

07 Für das Dressing den Knoblauch abziehen und durch eine Knoblauchpresse drücken oder fein hacken. Portwein mit Kräuteressig und Senf verrühren, mit Salz, Pfeffer, Zucker und Knoblauch würzen. Olivenöl unterschlagen.

08 Das Dressing mit den Salatzutaten gut vermischen. Den Salat zugedeckt im Kühlschrank etwa 1 Stunde durchziehen lassen.

09 Zum Servieren den Salat nochmals vorsichtig durchmischen, abschmecken und anrichten.

Pro Portion: E: 35 g, F: 42 g, Kh: 15 g, kJ: 2558, kcal: 611, BE: 0,5

Tipp zum Vorbereiten

* Der Salat kann bis zum Punkt 1 bereits am Vortag vorbereitet werden. Die Ravioli-Saucen-Mischung erkalten lassen und zugedeckt über Nacht in den Kühlschrank stellen.

Ravioli-Salat mit Frischkäse-Topping

Verblüffend einfach

Zubereitungszeit: 60 Minuten, ohne Durchziehzeit
12 Portionen

1 ½ kg Ravioli (aus dem Kühlregal, z. B. Spinaci)

Für die Sauce:
150 ml weißer Balsamico-Essig
125 ml Olivenöl
Salz
gem. Pfeffer
etwas Zucker

750 g Cocktailtomaten
6 rote Zwiebeln
500 g Champignons
2 EL Zitronensaft
150 g Rucola (Rauke)

Für das Frischkäse-Topping:
400 g Frischkäse mit Kräutern
75–100 ml Milch (3,5 % Fett)

01 Die Ravioli nach Packungsanleitung zubereiten. Inzwischen für die Sauce Essig und Olivenöl verschlagen, mit Salz, Pfeffer und Zucker würzen. Die Ravioli in ein Sieb geben, abspülen und abtropfen lassen und noch warm mit der Sauce vermischen.

02 Tomaten abspülen, abtrocknen, halbieren und evtl. die Stängelansätze herausschneiden. Zwiebeln abziehen, halbieren und in feine Streifen schneiden. Champignons putzen, evtl. kurz abspülen, gut abtropfen lassen und je nach Größe halbieren oder vierteln. Die Champignons mit dem Zitronensaft beträufeln.

03 Rucola verlesen, dicke Stängel abschneiden. Rucola abspülen und gut abtropfen lassen.

04 Tomaten, Zwiebel, Champignons und Rucola unter die Ravioli mischen. Den Salat etwa 10 Minuten durchziehen lassen.

05 Für das Frischkäse-Topping den Frischkäse mit der Milch verrühren. Den Salat nochmals abschmecken. Das Frischkäse-Topping in Klecksen darauf verteilen. Den Salat servieren.

Tipps: Für einen Reissalat das Rezept statt mit Ravioli mit 750 g Schnellkochreis zubereiten. Zusätzlich noch Frühstücksspeckscheiben (125 g) in einer Pfanne ohne Fett knusprig ausbraten. Die Knusperspeckscheiben kurz auf Küchenpapier abtropfen lassen und zum Servieren zerbröselt auf den Salat geben.

Pro Portion: E: 13 g, F: 26 g, Kh: 47 g, kJ: 2008, kcal: 480, BE: 3,5

52

Tipp zum Vorbereiten

* Für diesen Salat können Sie die Gemüsezutaten (siehe die Punkte 2 und 4), 2–3 Stunden vor dem Servieren, vorbereiten und zugedeckt kalt stellen. Die Brotwürfel können ebenfalls geröstet werden.

Brotsalat „Italia“

Gelingt leicht

Zubereitungszeit: 50 Minuten
12 Portionen

600 g Kasten-Weißbrot (in Scheiben geschnitten, ohne Rinde)
3 Bund Frühlingszwiebeln
3 grüne Paprikaschoten (etwa 600 g)
6 EL Rotweinessig
6 EL Balsamico-Essig
1,8 kg Fleischtomaten
3 Knoblauchzehen
etwa 45 g abgetropfte Kapern
125 ml Olivenöl
Salz
gem. schwarzer Pfeffer
3 EL TK-Petersilie

01 Die Weißbrotscheiben in etwa 2 cm große Würfel schneiden. Die Brotwürfel evtl. portionsweise in einer großen Pfanne ohne Fett bei mittlerer Hitze unter gelegentlichem Rühren in 8–10 Minuten hellbraun rösten.

02 Inzwischen die Frühlingszwiebeln putzen, abspülen, abtropfen lassen und in sehr feine Scheiben schneiden. Die Paprikaschoten halbieren, entstielen, entkernen und die weißen Scheidewände entfernen. Schotenhälften abspülen, abtropfen lassen und in kleine Würfel schneiden.

03 Die Brotwürfel in einer großen Schüssel mit den beiden Essigsorten beträufeln und etwa 15 Minuten durchziehen lassen.

04 In der Zwischenzeit die Tomaten abspülen, abtrocknen, halbieren und die Stängelansätze herausschneiden. Je nach Größe die Tomaten vierteln oder achteln und entkernen. Das Fruchtfleisch in Stücke schneiden. Knoblauch abziehen und durch eine Knoblauchpresse drücken oder sehr fein hacken.

05 Frühlingszwiebelscheiben, Paprikawürfel, Knoblauch, Kapern und Olivenöl zu den eingeweichten Brotwürfeln geben. Die Zutaten gut vermischen, mit Salz und Pfeffer würzen.

06 Die Tomatenstücke und die Petersilie zuletzt unter den Salat mischen, nochmals mit Salz und Pfeffer abschmecken. Den Brotsalat möglichst frisch servieren.

Tipps: Wenn genügend Zeit ist, die Kapern hacken. Ihr herb-würziger Geschmack verteilt sich dann besser im Salat. Angebrochene Gläser im Kühlschrank aufbewahren, dabei die Kapern stets mit Flüssigkeit bedeckt halten.

Rezeptvariante: Für einen Brotsalat mit Rucola anstatt der Petersilie etwas Rucola unter den Salat heben. 300 g Rucola verlesen und dicke Stängel abschneiden. Rucola abspülen, gut abtropfen lassen oder trocken schleudern und evtl. etwas kleiner zupfen. Rucola mit den Tomatenstücken unter den Salat geben.

Pro Portion: E: 6 g, F: 11 g, Kh: 32 g, kJ: 1081, kcal: 258, BE: 2,5

Tipps zum Vorbereiten

* Der Salat kann etwa 5 Stunden im Kühlschrank durchziehen.

* Auch die Eier und die Laugencroûtons zum Garnieren können wie im Rezept beschrieben vorbereitet werden.

Grafenauer Leberkäsesalat

Deftig

Zubereitungszeit: 50 Minuten, ohne Abkühl- und Durchziehzeit
12 Portionen

etwa 2 kg Leberkäse
1 Rettich (etwa 900 g)
6 rote Zwiebeln (etwa 1 kg)
4 Bio-Salatgurken (etwa 1½ kg)
2 Bund Schnittlauch

Für das Salatdressing:
150 ml Weißweinessig
3 EL mittelscharfer Senf
Salz
gem. Pfeffer
200 ml Sonnenblumenöl

Zum Garnieren:
6 Eier (Größe M)
6 Laugenstangen oder Laugengebäck (etwa 500 g)

01 Den Leberkäse zunächst in dicke Scheiben, dann in längliche Stücke und zum Schluss in dünne Scheibchen schneiden.

02 Den Rettich putzen, schälen, abspülen, abtropfen lassen, längs vierteln und in dünne Scheiben hobeln. Zwiebeln abziehen, zuerst in dünne Scheiben schneiden, dann in Ringe teilen oder die Zwiebeln hobeln.

03 Die Gurken abspülen, abtrocknen und die Enden abschneiden. Die Gurken längs vierteln und die Kerne herausschaben. Gurken in dünne Scheiben schneiden oder hobeln. Schnittlauch abspülen, trocken tupfen und in Röllchen schneiden.

04 Für das Salatdressing Weißweinessig mit Senf verrühren, mit Salz und Pfeffer würzen. Das Sonnenblumenöl unterschlagen. Leberkäse, Rettich, Zwiebeln, Gurken und Schnittlauch mit dem Salatdressing in einer großen Schüssel vermischen. Den Salat zugedeckt etwa 1 Stunde im Kühlschrank durchziehen lassen.

05 In der Zwischenzeit zum Garnieren die Eier in kochendem Wasser in etwa 10 Minuten hart kochen. Dann die Eier mit kaltem Wasser abschrecken, etwas abkühlen lassen und pellen.

06 Die Laugenstangen in kleine Würfel schneiden und in einer Pfanne ohne zusätzliches Fett bei schwacher Hitze anrösten. Dann die Laugencroûtons aus der Pfanne nehmen.

07 Zum Servieren die Eier vierteln oder achteln. Den Leberkäsesalat nochmals durchmischen, abschmecken, mit Laugencroûtons und Eiern anrichten.

Pro Portion: E: 30 g, F: 67 g, Kh: 37 g, kJ: 3612, kcal: 864, BE: 2,5

56

Kartoffel- und Nudelsalate

Kartoffeln und Nudeln sind echte Anpassungskünstler. Sie schmecken in Kombination mit Lachs, Schinken, Ei oder Mango. Süßsaure Granatapfelkerne, knackige Walnüsse und gestiftelte Mandeln geben hier den nötigen Biss und komplettieren die Salate. Während Kresse eher klassische Kartoffel-Salat-Kreationen unterstützt, verleiht Minze dem göttlichen Mini-Muschel-Salat einen orientalischen Hauch und Basilikum dem Spaghetti-Salat einen mediterranen Touch.

Tipp zum Vorbereiten

* Der Salat kann bis zu 4 Stunden vor dem Servieren fertig zubereitet werden und zugedeckt im Kühlschrank durchziehen.

Göttlicher Mini-Muschelnudel-Salat

Vollendet mit Mango, Granatapfel und Lachs

Zubereitungszeit: 80 Minuten, ohne Durchziehzeit
12 Portionen

etwa 1 ½ kg Lachsfilet
4 EL Speiseöl, z. B. Olivenöl
Salz
gem. Pfeffer

5 l Wasser
5 gestr. TL Salz
500 g Mini-Muschel-Nudeln

4 Mangos (etwa 1 ½ kg)
3 Granatäpfel (etwa 450 g)

Für das Dressing:
5–6 Stängel Minze
200 ml weißer Balsamico-Essig
100 ml Sweet- & Sour-Sauce
250 ml Olivenöl

01 Das Lachsfilet unter fließendem kalten Wasser abspülen und trocken tupfen. Das Filet in mundgerechte Stücke schneiden, dabei evtl. vorhandene Gräten entfernen.

02 Die Hälfte vom Speiseöl in einer großen Pfanne erhitzen. Die Hälfte der Lachsstücke darin unter Wenden anbraten, mit Salz und Pfeffer würzen und dann aus der Pfanne nehmen. Die restlichen Lachsstücke in dem restlichen Olivenöl auf die gleiche Art und Weise braten und dann aus der Pfanne nehmen.

03 Wasser in einem großen Topf zugedeckt zum Kochen bringen. Dann Salz und Nudeln zugeben. Die Nudeln im geöffneten Topf bei mittlerer Hitze nach Packungsanleitung bissfest kochen, dabei gelegentlich umrühren. Anschließend die Nudeln in ein Sieb geben, mit kaltem Wasser abspülen und abtropfen lassen.

04 Die Mangos schälen und das Fruchtfleisch vom Kern schneiden. Das Fruchtfleisch fein würfeln.

05 Die harte Haut der Granatäpfel abschälen, die Früchte in mehrere Teile auseinanderbrechen und mit einer kleinen Gabel die Kerne von den Scheidewänden lösen.

06 Für das Dressing Minze abspülen, trocken tupfen und die Blättchen von den Stängeln zupfen. Einige Blättchen zum Garnieren beiseitelegen. Die restlichen Blättchen klein schneiden.

07 Balsamico-Essig mit Sweet- & Sour-Sauce verrühren, die Minze unterrühren, mit Salz und Pfeffer würzen. Das Olivenöl unterschlagen.

08 Die Nudeln mit den Mangowürfeln und Granatapfelkernen mischen, das Dressing untermischen. Zum Schluss die Lachsstücke vorsichtig unterheben. Den Salat zugedeckt etwa 1 Stunde im Kühlschrank durchziehen lassen.

09 Zum Servieren den Salat nochmals durchmischen, abschmecken und mit den beiseitegelegten Minzeblättchen garnieren.

Pro Portion: E: 31 g, F: 37 g, Kh: 49 g, kJ: 2788, kcal: 666, BE: 4,0

Tipp zum Vorbereiten

* Der Salat kann bis einschließlich Punkt 6 gut 1 Tag vorher zubereitet werden und zugedeckt im Kühlschrank durchziehen.

Kartoffelsalat mit Käse und Ei

Gut vorzubereitender Klassiker

Zubereitungszeit: 75 Minuten, ohne Abkühl- und Durchziehzeit
Garzeit: 25–35 Minuten
12 Portionen

3 kg festkochende Kartoffeln
2 gestr. TL Salz
2 TL Kümmelsamen

3 Bund Frühlingszwiebeln
500 ml Gemüsebrühe
2 Bund Radieschen
300 g schnittfester Käse mit Gewürzen (z. B. Gouda mit Pfeffer, Bockshornklee oder Senfkörnern oder Ziegenkäse)

Für die Sauce:
300 g Salatmayonnaise
300 g Joghurt (3,5 % Fett)
100 ml Weißweinessig
gem. Pfeffer

6 Eier (Größe M)
1 Bund Schnittlauch

01 Die Kartoffeln gründlich waschen, evtl. abbürsten. Die Kartoffeln knapp mit Wasser bedeckt zum Kochen bringen. Salz und Kümmelsamen hinzugeben, wieder zum Kochen bringen und die Kartoffeln zugedeckt in 25–35 Minuten gar kochen.

02 Dann die Kartoffeln abgießen, abdämpfen und abkühlen lassen lassen. Die Kartoffeln pellen und in Scheiben schneiden.

03 Frühlingszwiebeln putzen, abspülen, abtropfen lassen und in dünne Scheiben schneiden. Die Kartoffel- und Frühlingszwiebelscheiben in eine große Schüssel geben.

04 Die Gemüsebrühe aufkochen, über die Kartoffel- und Frühlingszwiebelscheiben gießen, etwa 30 Minuten ziehen lassen.

05 Die Radieschen putzen, abspülen, abtropfen lassen und in dünne Scheiben schneiden. Den Käse zuerst in etwa ½ cm dicke Scheiben, dann in kurze Streifen schneiden. Radieschenspalten und Käsestifte unter die Kartoffel-Frühlingszwiebel-Mischung mischen.

06 Für die Sauce Mayonnaise mit Joghurt und Essig verrühren, mit Pfeffer würzen. Die Sauce mit den Salatzutaten vermischen und zugedeckt etwa 1 Stunde im Kühlschrank durchziehen lassen.

07 In der Zwischenzeit die Eier in kochendem Wasser in etwa 10 Minuten hart kochen. Dann die Eier mit kaltem Wasser abschrecken, etwas abkühlen lassen und pellen. Die Eier in Spalten oder Stücke schneiden.

08 Schnittlauch abspülen, abtropfen lassen und in Röllchen schneiden. Den Salat zum Servieren nochmals durchmischen, mit Salz und Pfeffer abschmecken, mit den Eierspalten oder -stücken belegen und den Schnittlauchröllchen bestreuen.

Pro Portion: E: 15 g, F: 24 g, Kh: 43 g, kJ: 1927, kcal: 460, BE: 3,0

Tipp zum Vorbereiten

* Die Shiitakepilze können Sie auch über Nacht einweichen.

Glasnudel-Garnelen-Salat aus dem Wok

Etwas teurer

Zubereitungszeit: 60 Minuten, ohne Einweichzeit
12 Portionen

150 g getrocknete Shiitakepilze
750 g Glasnudeln
1 kg Frühlingszwiebeln
1 ¼ kg Riesengarnelen
100 g Ingwer

100 ml Erdnussöl
720 g abgetropfte Bambussprossen in Streifen (aus dem Glas)
200 g gestiftelte Mandeln

500 ml asiatischer Fond (oder Fischfond)
50 ml Fischsauce (Asia-Laden)
50 ml Oyster Sauce (Austernsauce)
1 TL Asia-Gewürzmischung
Salz
gem. Pfeffer

01 Die Shiitakepilze nach Packungsanleitung in reichlich Wasser einweichen, dann abtropfen lassen und je nach Größe halbieren oder vierteln.

02 Die Glasnudeln nach Packungsanleitung zubereiten. Dann die Glasnudeln abtropfen lassen und in etwa 5 cm lange Stücke schneiden.

03 Die Frühlingszwiebeln putzen, etwa ein Drittel des dunklen Grüns abschneiden. Die Zwiebeln abspülen, abtropfen lassen und in etwa 2 cm lange Stücke schneiden.

04 Die Riesengarnelen unter fließendem kalten Wasser abspülen und auf Küchenpapier abtropfen lassen. Den Ingwer schälen und fein würfeln.

05 Etwas von dem Erdnussöl in einem Wok erhitzen. Nacheinander darin die Frühlingszwiebeln, Shiitakepilze, Garnelen, Glasnudeln, Bambusstreifen mit dem Ingwer und den Mandeln anbraten, dabei immer wieder etwas von dem Erdnussöl in den Wok geben.

06 Jeweils die gebratenen Zutaten in eine große Schüssel geben und leicht vermischen. Den Bratensatz im Wok mit dem asiatischen Fond oder Fischfond loskochen, mit Fischsauce, Oyster Sauce, Asia-Gewürzmischung, etwas Salz und Pfeffer würzen.

07 Den Saucensud noch warm mit den Salatzutaten in der Schüssel leicht vermischen. Wenn noch etwas Erdnussöl vom Braten übrig ist, dieses mit unter den Salat geben. Den Salat sofort noch lauwarm servieren.

Tipp: Anstelle von Glasnudeln können auch andere asiatische Nudeln oder Reis verwendet werden.

Pro Portion: E: 27 g, F: 19 g, Kh: 70 g, kJ: 2314, kcal: 548, BE: 5,5

Tipps zum Vorbereiten

* Die Kartoffeln bereits am Vortag kochen und erkalten lassen.

* Auch die Salatsauce kann am Vortag zubereitet werden und zugedeckt im Kühlschrank bis zur Weiterverarbeitung stehen.

Maritimer Kartoffelsalat mit Lachs

Mit Alkohol

Zubereitungszeit: 60 Minuten, ohne Abkühl- und Durchziehzeit
Garzeit: 25–35 Minuten
12 Portionen

1 ½ kg festkochende Kartoffeln
1 TL Salz
4 Bund Frühlingszwiebeln
Salzwasser

1 kg Räucherlachs oder Graved Lachs
5 Fleischtomaten

200 g Forellenkaviar (aus dem Glas)

Für die Sherry-Senf-Sauce:
100 ml Sherry medium
75 ml Weißweinessig
etwa 75 ml Gemüsebrühe oder Orangensaft
2–3 EL körniger Senf
Salz
gem. Pfeffer
125 ml Speiseöl, z.B. Maiskeimöl
etwas Knoblauchpulver

2 Kästchen Gartenkresse

01 Die Kartoffeln gründlich waschen, evtl. abbürsten und knapp mit Wasser bedeckt zum Kochen bringen. Salz hinzufügen. Die Kartoffeln zugedeckt in 25–35 Minuten gar kochen. Kartoffeln abgießen, mit kaltem Wasser abschrecken, abtropfen und abkühlen lassen. Die Kartoffeln pellen, in Scheiben schneiden und in eine große Schüssel geben.

02 Frühlingszwiebeln putzen, abspülen, abtropfen lassen und in etwa 2 cm lange Stücke schneiden. Das Salzwasser in einem Topf zum Kochen bringen. Die Zwiebelstücke darin etwa 1 Minute blanchieren, in ein Sieb geben, mit kaltem Wasser übergießen und abtropfen lassen.

03 Lachs in kleine Stücke schneiden. Tomaten abspülen, trocken tupfen, vierteln, entkernen und die Stängelansätze herausschneiden. Tomatenviertel in kleine Stücke schneiden. Zwiebel-, Lachs- und Tomatenstücke zu den Kartoffelscheiben geben und vorsichtig mischen. Etwas vom Forellenkaviar unterheben.

04 Für die Sauce Sherry mit Essig, Brühe oder Saft und Senf verrühren, mit Salz und Pfeffer würzen. Speiseöl unterschlagen. Die Sauce mit Salz, Pfeffer und Knoblauch abschmecken und unter die Salatzutaten heben. Den Salat zugedeckt etwa 1 Stunde im Kühlschrank durchziehen lassen.

05 Zum Servieren die Kresse abspülen, trocken tupfen und vom Beet schneiden. Den Salat nochmals durchmischen, abschmecken und auf einer großen Platte anrichten. Den Salat mit der Kresse bestreuen und mit dem restlichen Forellenkaviar garnieren.

Pro Portion: E: 24 g, F: 22 g, Kh: 26 g, kJ: 1723, kcal: 412, BE: 1,5

Tipp zum Vorbereiten

* Den Salat bereits etwa 4 Stunden vor dem Servieren bis einschließlich Punkt 5 zubereiten. Den Nudelsalat zugedeckt in den Kühlschrank stellen und durchziehen lassen.

Nudelsalat mit Parmaschinken und Melone

Ideal zur Sommerparty

Zubereitungszeit: 60 Minuten, ohne Durchziehzeit
12 Portionen

7 ½ l Wasser
7 ½ gestr. TL Salz
750 g Nudeln, z. B. Penne

12 Tomaten
einige Stängel Basilikum
300 g Frühlingszwiebeln
etwa 125 ml Weinessig
3 EL mittelscharfer Senf
Salz
gem. Pfeffer
3 Prisen Zucker
150 ml Speiseöl, z. B. Rapsöl
150 g schwarze Oliven (mit Stein)

900 g Honigmelonen-Fruchtfleisch
200 g Parmaschinken (in Scheiben)

01 Die Hälfte des Wassers in einem großen Topf zugedeckt zum Kochen bringen. Dann jeweils die Hälfte vom Salz und den Nudeln zugeben. Die Nudeln im geöffneten Topf bei mittlerer Hitze nach Packungsanleitung bissfest kochen, dabei gelegentlich umrühren.

02 Die garen Nudeln in ein Sieb geben, mit kaltem Wasser abspülen und abtropfen lassen. Das restliche Wasser in dem Topf zum Kochen bringen, die restlichen Nudeln mit dem restlichen Salz darin auf die gleiche Weise zubereiten.

03 Tomaten abspülen, abtrocknen, halbieren und die Stängelansätze herausschneiden. Die Tomaten fein würfeln.

04 Basilikum abspülen und trocken tupfen. Die Blättchen von den Stängeln zupfen. Einige Blättchen zum Garnieren beiseitelegen, restliche Blättchen fein hacken. Frühlingszwiebeln putzen, abspülen, abtropfen lassen und in Scheiben schneiden.

05 Weinessig mit Senf verrühren und mit Salz, Pfeffer und Zucker abschmecken. Öl unterschlagen und mit Tomatenstücken, Basilikum, Nudeln und Oliven vermischen. Den Salat etwa 30 Minuten durchziehen lassen.

06 Melonenfruchtfleisch entkernen, fein würfeln. Den Schinken in Streifen schneiden, mit Melonenwürfeln kurz vor dem Servieren unter den Nudelsalat geben. Den Salat nochmals abschmecken und mit den beiseitegelegten Basilikumblättchen garniert servieren.

Pro Portion: E: 14 g, F: 19 g, Kh: 59 g, kJ: 1979, kcal: 473, BE: 4,5

Tipp zum Vorbereiten

* Den Tafelspitz bereits am Vortag kochen, erkalten lassen und über Nacht zugedeckt in den Kühlschrank stellen.

Kartoffel-Kresse-Salat mit Tafelspitz

Mit Sherry-Schwips

Zubereitungszeit: 100 Minuten, ohne Abkühl- und Durchziehzeit
Garzeit: etwa 2 Stunden
12 Portionen

1 ½ –2 l Wasser
1 Bund Suppengrün (Möhre, Sellerie, Porree)
1 ¼ kg Tafelspitz
1–2 TL Salz
1 Lorbeerblatt

1 ½ kg festkochende Kartoffeln
1 gestr. TL Salz

4 Bio-Salatgurken (etwa 1 ½ kg)
1 kg Radieschen
6 Kästchen Kresse

Für die Salatsauce:
6 Knoblauchzehen
3 EL Estragonsenf
100 ml Sherry
100 ml Weißweinessig
Salz
gem. Pfeffer
200 ml Speiseöl, z. B. Rapsöl

01 Wasser in einem großen Topf zum Kochen bringen. Suppengrün putzen, abspülen, abtropfen lassen und in grobe Stücke schneiden. Das Rindfleisch mit Küchenpapier trocken tupfen, mit Salz, Suppengrün und Lorbeerblatt in das kochende Wasser geben. Rindfleisch zugedeckt etwa 2 Stunden bei schwacher bis mittlerer Hitze gar ziehen lassen, dabei ab und zu den Schaum abschöpfen. Dann das Fleisch in dem Sud erkalten lassen.

02 Die Kartoffeln schälen, abspülen, abtropfen lassen und in Scheiben schneiden. Die Kartoffelscheiben knapp mit Wasser bedeckt zum Kochen bringen. Das Salz hinzugeben und die Kartoffelscheiben zugedeckt in 10–15 Minuten gar kochen. Die Kartoffelscheiben abgießen und in einem Sieb abtropfen lassen.

03 Inzwischen die Gurken abspülen, abtrocknen und die Enden abschneiden. Die Gurken längs halbieren und in dünne Scheiben schneiden oder hobeln. Radieschen putzen, abspülen, abtropfen lassen und ebenfalls in dünne Scheiben schneiden. Kresse abspülen, trocken tupfen und vom Beet schneiden. Etwas Kresse zum Garnieren beiseitelegen.

04 Für die Salatsauce Knoblauch abziehen und fein hacken oder durch eine Knoblauchpresse drücken. Estragonsenf mit Sherry und Weißweinessig verrühren. Knoblauch unterrühren und die Sauce mit Salz und Pfeffer würzen. Das Speiseöl unterschlagen.

05 Das Fleisch aus dem Sud nehmen, abtropfen lassen, längs 2–3-mal durchschneiden. Dann das Fleisch in dünne Scheiben schneiden, mit den Kartoffel-, Gurken- und Radieschenscheiben und der Kresse in einer großen Schüssel vermengen. Die Salatsauce dazugeben und gut untermischen. Den Salat zugedeckt im Kühlschrank etwa 1 Stunde durchziehen lassen.

06 Zum Servieren den Salat nochmals durchmischen, abschmecken und mit beiseitegelegter Kresse garnieren.

Tipp: Die Fleischbrühe eignet sich hervorragend für die Zubereitung von Suppen oder Eintöpfen und kann nach dem Erkalten auch eingefroren werden.

Pro Portion: E: 26 g, F: 20 g, Kh: 19 g, kJ: 1549, kcal: 370, BE: 1,5

70

Tipp zum Vorbereiten

* Sie können diesen Salat einige Stunden vor dem Servieren bis einschließlich Punkt 5 zubereiten. Den Spaghetti-Salat zugedeckt in den Kühlschrank stellen.

Spaghetti-Salat

Einfach und schnell

Zubereitungszeit: 50 Minuten
12 Portionen

15 l Wasser
15 gestr. TL Salz
1 ½ kg Spaghetti

500 g abgetropfte, getrocknete Tomaten (in Öl)
350 g schwarze Oliven (ohne Stein)
3 Knoblauchzehen
2–3 EL Tomatenmark
einige Stängel Basilikum
9 EL Olivenöl
Salz
gem. Pfeffer
180 g frisch gehobelter Parmesan

01 Die Hälfte des Wassers in einem großen Topf zugedeckt zum Kochen bringen. Dann jeweils die Hälfte vom Salz und den Spaghetti zugeben. Die Spaghetti im geöffneten Topf bei mittlerer Hitze nach Packungsanleitung bissfest kochen, dabei gelegentlich umrühren.

02 Die garen Spaghetti in ein Sieb geben, mit kaltem Wasser abspülen und abtropfen lassen. Das restliche Wasser in dem Topf zum Kochen bringen, die restlichen Spaghetti mit dem restlichen Salz darin auf die gleiche Weise zubereiten.

03 Die Tomaten in feine Streifen schneiden. Oliven halbieren. Knoblauch abziehen und fein hacken.

04 Knoblauch mit Tomatenstreifen, Oliven und Tomatenmark gut vermischen, die Spaghetti unterheben.

05 Basilikum abspülen und trocken tupfen. Blättchen von den Stängeln zupfen, einige Blättchen zum Garnieren beiseitelegen. Die restlichen Blättchen fein schneiden, mit Olivenöl vermischen und mit Salz und Pfeffer würzen. Die Basilikummischung unter die Spaghetti geben.

06 Den Salat mit Parmesan bestreuen, mit den beiseitegelegten Basilikumblättchen garnieren und servieren.

Tipp: Zusätzlich können Sie abgetropften, etwas zerpflückten Tunfisch aus der Dose (Abtropfgewicht 525 g) unter den Salat geben.

Pro Portion: E: 25 g, F: 21 g, Kh: 100 g, kJ: 2947, kcal: 704, BE: 8,5

Tipps zum Vorbereiten

* Die Kartoffeln und das Fleisch können Sie schon am Vortag vorbereiten. Die erkalteten Kartoffeln über Nacht kalt stellen und den erkalteten Kasseler Braten dann in jedem Fall zugedeckt in den Kühlschrank stellen.

* Oder Sie bereiten den Salat am Vortag zu und lassen ihn im Kühlschrank durchziehen.

1½ kg Kasseler Nacken (ohne Knochen)
1 EL mittelscharfer Senf
3 EL Speiseöl, z. B. Rapsöl

1½ kg Bamberger Hörnchen (Kartoffeln)
1 TL Salz

etwa 1 kg Spitzkohl
2 Gemüsezwiebeln (etwa 300 g)
4 rote Paprikaschoten

Für die Salatsauce:
1 Bund Majoran
200 ml Kräuteressig
2 EL mittelscharfer Senf
Salz
gem. Pfeffer
200 ml Nussöl

Salat von Bamberger Hörnchen

Würziger Kartoffelschmaus

Zubereitungszeit: 60 Minuten, ohne Abkühl- und Durchziehzeit
Garzeit: etwa 60 Minuten
12 Portionen

01 Den Backofen vorheizen.
Ober-/Unterhitze: etwa 180 °C
Heißluft: etwa 160 °C

02 Kasseler mit Küchenpapier trocken tupfen und rundherum mit dem Senf einstreichen. Das Speiseöl in einem Bräter erhitzen und das Kasseler darin rundherum anbraten. Den Bräter auf dem Rost im unteren Drittel in den vorgeheizten Backofen schieben. Kasseler **etwa 60 Minuten garen.**

03 Inzwischen die Kartoffeln gründlich waschen, evtl. abbürsten und knapp mit Wasser bedeckt zum Kochen bringen. Salz hinzugeben. Die Kartoffeln zugedeckt in 25–35 Minuten gar kochen. Die Kartoffeln abgießen, abdämpfen und dann erkalten lassen.

04 Das Kasseler aus dem Bräter nehmen und erkalten lassen.

05 Den Spitzkohl putzen, abspülen, abtropfen lassen, vierteln und den Strunk herausschneiden. Den Kohl in kleine Stücke schneiden. Gemüsezwiebeln abziehen, zunächst halbieren und dann würfeln. Paprikaschoten halbieren, entstielen, entkernen und die weißen Scheidewände entfernen. Schoten abspülen, abtropfen lassen und in Würfel schneiden.

06 Die Kartoffeln evtl. pellen, in Stücke schneiden. Kasseler zuerst in Scheiben, dann in kleine Würfel schneiden. Kartoffeln, Kasseler und vorbereitetes Gemüse in einer großen Schüssel mischen.

07 Für die Salatsauce Majoran abspülen, trocken tupfen und die Blättchen von den Stängeln zupfen, evtl. hacken. Kräuteressig mit Senf und Majoran verrühren, mit Salz und Pfeffer würzen. Das Nussöl unterschlagen. Die Salatsauce mit den Salatzutaten gut vermischen. Den Salat zugedeckt mindestens 1 Stunde im Kühlschrank durchziehen lassen.

08 Zum Servieren den Salat von Bamberger Hörnchen nochmals durchmischen und abschmecken.

Pro Portion: E: 27 g, F: 28 g, Kh: 27 g, kJ: 1974, kcal: 471, BE: 2,0

Tipps zum Vorbereiten

* Der Salat lässt sich bis einschließlich Punkt 2 schon am Vortag vorbereiten.

* Auch die Frikadellen können dann schon gebraten und mit der Chilisauce vermischt werden. Den vorbereiteten Salat und die Frikadellen zugedeckt in den Kühlschrank stellen.

Pasta-Frikadellen-Salat

Dauert länger

Zubereitungszeit: 70 Minuten, ohne Abkühlzeit
12 Portionen

6 l Wasser
6 gestr. TL Salz
600 g Penne-Nudeln

Für das Dressing:
375 g Aioli (Knoblauch-Mayonnaise)
450 g Joghurt (3,5 % Fett)
3 EL Tomatenketchup
Salz
gem. Pfeffer

Für die Mini-Chili-Frikadellen:
2 Brötchen (Semmeln) vom Vortag
3 Zwiebeln
1 kg Gehacktes (halb Rind-, halb Schweinefleisch)
3 Eier (Größe M)
3–6 EL Speiseöl, z. B. Rapsöl
9–12 EL Thai-Chili-Sauce

3 gegarte Maiskolben (z. B. aus einem Vakuumpack), ersatzweise 420 g abgetropfter Gemüsemais (aus der Dose)

3 große, rote Paprikaschoten
500 g Römer- oder Eisbergsalat

450–500 ml heiße Gemüsebrühe

01 Wasser in einem großen Topf zugedeckt zum Kochen bringen. Dann Salz und Nudeln hinzugeben. Die Nudeln im geöffneten Topf bei mittlerer Hitze nach Packungsanleitung kochen lassen, dabei gelegentlich umrühren. Anschließend die Nudeln in ein Sieb geben, mit kaltem Wasser abspülen und abtropfen lassen.

02 Für das Dressing Aioli mit Joghurt und Ketchup in einer großen Schüssel verrühren, mit Salz und Pfeffer abschmecken. Die lauwarmen Nudeln zu dem Dressing in die Schüssel geben und gut untermischen. Nudeln erkalten lassen.

03 Für die Frikadellen Brötchen in kaltem Wasser einweichen. Zwiebeln abziehen, klein würfeln. Gehacktes in einer Schüssel mit ausgedrückten Brötchen, Zwiebelwürfeln und Eiern gut verkneten, mit Salz und Pfeffer würzen. Aus der Hackfleischmasse mit angefeuchteten Händen kleine Frikadellen formen.

04 Jeweils etwas Speiseöl in einer großen Pfanne erhitzen. Die Frikadellen darin portionsweise von allen Seiten knusprig braun braten. Frikadellen aus der Pfanne nehmen, mit der Chili-Sauce vermischen und erkalten lassen.

05 Maiskolben in Scheiben schneiden oder Gemüsemais in einem Sieb abtropfen lassen. Paprikaschoten halbieren, entstielen, entkernen und die weißen Scheidewände entfernen. Schotenhälften abspülen, trocken tupfen und in kleine Würfel schneiden. Salat putzen, abspülen, gut abtropfen lassen oder trocken schleudern. Salatblätter in mundgerechte Stücke zupfen.

06 Heiße Gemüsebrühe unter die Nudeln rühren. Die Nudeln nochmals mit Salz und Pfeffer abschmecken. Restliche vorbereitete Salatzutaten untermischen. Den Salat mit den Mini-Chili-Frikadellen anrichten.

Tipp: Aioli selbst gemacht: 375 g Delikatessmayonnaise mit 3–6 Teelöffeln Zitronensaft und 6–9 zerdrückten Knoblauchzehen vermischen, mit Salz und Pfeffer abschmecken.

Pro Portion: E: 29 g, F: 46 g, Kh: 57 g, kJ: 3187, kcal: 761, BE: 4,5

Tipps zum Vorbereiten

* Die Kartoffeln bereits am Vortag kochen.

* Der Salat kann gut 4–5 Stunden vor dem Verzehr eingeschichtet und zugedeckt in den Kühlschrank gestellt werden.

Kartoffel-Spitzkohl-Salat mit Kasseler und Senfdressing

Einfach lecker

Zubereitungszeit: 60 Minuten, ohne Abkühlzeit
Garzeit: 25–35 Minuten
12 Portionen

2 kg festkochende kleine Kartoffeln
4 TL Kümmelsamen
1 ¼ kg Spitzkohl
1 l Gemüsebrühe

750 g Kasseler-Aufschnitt

Für das Dressing:
300 ml Gemüsebrühe
300 g Crème fraîche
2 geh. EL Salatmayonnaise
4 EL körniger Senf
etwas Currypulver
Salz
gem. Pfeffer
Zucker
4 TL Kümmelsamen

Petersilienblättchen

01 Die Kartoffeln gründlich waschen, evtl. abbürsten und knapp mit Wasser bedeckt zum Kochen bringen. Kümmelsamen hinzugeben. Die Kartoffeln zugedeckt in 25–35 Minuten gar kochen und abgießen. Die Kartoffeln abdämpfen und dann abkühlen lassen. Die Kartoffeln pellen und in Scheiben schneiden.

02 Spitzkohl putzen, vierteln, abspülen und abtropfen lassen. Den Strunk herausschneiden. Den Kohl in feine Streifen schneiden.

03 Die Gemüsebrühe in einem Topf zum Kochen bringen. Die Kohlstreifen hinzugeben, wieder zum Kochen bringen und 2–5 Minuten kochen lassen. Kohlstreifen in einem Sieb abtropfen und erkalten lassen. Kasseler-Aufschnitt in Streifen schneiden.

04 Für das Dressing Brühe mit Crème fraîche, Mayonnaise und Senf verrühren, mit Curry, Salz, Pfeffer und Zucker abschmecken. Kümmelsamen unterrühren.

05 Abwechselnd Kartoffelscheiben, Spitzkohl-, Kasselerstreifen und Dressing in eine hohe Glasschale oder 12 Portionsgläser schichten, dabei die Kartoffelscheiben jeweils mit etwas Salz bestreuen.

06 Die Petersilienblättchen abspülen und trocken tupfen. Den Salat mit den Blättchen garnieren und servieren.

Pro Portion: E: 19 g, F: 13 g, Kh: 28 g, kJ: 1283, kcal: 307, BE: 2,5

Tipp zum Vorbereiten

* Die Hähnchenbrustfilets können Sie bereits am Vorabend einlegen und über Nacht im Kühlschrank marinieren.

Farfalle-Geflügel-Salat

Im Asia-Style

Zubereitungszeit: 100 Minuten, ohne Marinierzeit
12 Portionen

2 kg Hähnchenbrustfilets
5 EL Zitronensaft
1 Stück Zitronengras
1–2 TL Chilipfeffer

Für das Dressing:
50 g Ingwer
1 Bund glatte Petersilie
4 EL Rotweinessig
2 EL Reisessig (ersatzweise Weißweinessig)
2 EL Honig
2 EL Sojasauce
1 TL Chilipfeffer
2 TL Wasser
150 ml Erdnussöl

5 l Wasser
5 gestr. TL Salz
500 g Mini-Farfalle-Nudeln

2 Orangen
1 rote Paprikaschote
1 Kopf Eisbergsalat
1 Radicchio

3 EL Erdnussöl

01 Hähnchenbrustfilets unter fließendem kalten Wasser abspülen, trocken tupfen, längs halbieren, in eine flache Form legen und mit Zitronensaft beträufeln. Zitronengras putzen, in dünne Scheiben schneiden und daraufstreuen. Filets mit Chilipfeffer würzen. Die Form mit Frischhaltefolie zudecken und die Hähnchenfilets einige Stunden im Kühlschrank marinieren.

02 Für das Dressing Ingwer schälen und würfeln. Petersilie abspülen, abtropfen lassen und die Blättchen von den Stängeln zupfen. Einige Blättchen zum Garnieren beiseitelegen.

03 Ingwer mit Petersilie, beiden Essigsorten, Honig, Sojasauce, Chilipfeffer und Wasser in einem Mixer vermischen oder einem hohen Rührbecher pürieren. Öl zuletzt in dünnem Strahl langsam hinzugießen, dabei weiter mixen oder pürieren, bis das Dressing eine cremige Konsistenz hat.

04 Wasser in einem großen Topf zugedeckt zum Kochen bringen. Dann Salz und Nudeln zugeben. Die Nudeln im geöffneten Topf bei mittlerer Hitze nach Packungsanleitung bissfest kochen, dabei gelegentlich umrühren. Anschließend die Nudeln in ein Sieb geben, abspülen und abtropfen lassen. Die Nudeln noch warm mit der Hälfte des Dressings in einer großen Schüssel vermischen.

05 Orangen schälen und filetieren, dabei den Saft auffangen. Paprikaschote halbieren, entstielen, entkernen und die weißen Scheidenwände entfernen. Schote abspülen, abtropfen lassen und in feine Streifen schneiden. Eisbergsalat und Radicchio putzen, abspülen, abtropfen lassen und in mundgerechte Stücke schneiden.

06 Die Hälfte des Öls in einer großen Pfanne erhitzen. Die Hähnchenfilets etwas abtropfen lassen und das Zitronengras entfernen. Die Hälfte der Hähnchenbrustfilets in der Pfanne rundherum anbraten und dann in 5–10 Minuten gar braten. Die Filets aus der Pfanne nehmen. Das restliche Öl in der Pfanne erhitzen und die restlichen Filets darin auf die gleiche Weise braten.

07 Eisberg und Radicchio auf einer großen Platte verteilen. Die Nudeln daraufgeben. Die Hähnchenfilets in etwa ½ cm dicke Scheiben schneiden, mit den Orangenfilets, den Paprikastreifen und beiseitegelegten Petersilienblättchen auf dem Salat anrichten. Den Salat mit dem restlichen Dressing beträufeln und sofort servieren.

Pro Portion: E: 46 g, F: 17 g, Kh: 36 g, kJ: 2022, kcal: 483, BE: 3,0

Tipps zum Vorbereiten

* Die Kartoffeln bereits am Vortag kochen und erkalten lassen.

* Sie können aber auch den Salat bis einschließlich Punkt 4 zubereiten und zugedeckt über Nacht im Kühlschrank durchziehen lassen.

Curry-Matjes-Kartoffelsalat

Einfach zu machen

Zubereitungszeit: 80 Minuten, ohne Abkühl- und Durchziehzeit
Garzeit: 25–35 Minuten
12 Portionen

2 kg festkochende Kartoffeln
Salz

1 ¼ kg abgetropfte Matjesfilets

je 3 rot- und grünschalige Äpfel

Für die Salatsauce:
450 g Crème légère
6–9 EL Milch (3,5 % Fett)
Salz
gem. Pfeffer
3 gestr. EL Currypulver

250 g Walnusskernhälften
2 Kästchen Gartenkresse

01 Die Kartoffeln gründlich waschen, evtl. abbürsten und knapp mit Wasser bedeckt in einem Topf zum Kochen bringen. Salz hinzufügen und die Kartoffeln zugedeckt in 25–35 Minuten gar kochen. Kartoffeln abgießen, mit kaltem Wasser abschrecken, abtropfen und abkühlen lassen.

02 Die Kartoffeln pellen, in Scheiben schneiden und in eine große Schüssel geben.

03 Die Matjesfilets in kleine Stücke schneiden. Die Äpfel heiß waschen, abtrocknen, vierteln, entkernen und quer in dünne Scheiben schneiden. Die Salatzutaten zu den Kartoffelscheiben geben.

04 Für die Salatsauce Crème légère mit Milch verrühren. Die Sauce mit Salz, Pfeffer und Curry würzen, mit den Salatzutaten vermengen. Den Salat zugedeckt etwa 1 Stunde im Kühlschrank durchziehen lassen.

05 Zum Servieren den Salat nochmals durchmischen und mit den Gewürzen abschmecken. Die Walnusskerne grob hacken. Die Kresse abspülen, trocken tupfen und vom Beet schneiden. Den Salat mit Kresse und Walnusskernen bestreut servieren.

Pro Portion: E: 27 g, F: 40 g, Kh: 36 g, kJ: 2557, kcal: 610, BE: 3,0

Tipps zum Vorbereiten

* Die Paprikasauce können Sie bereits am Vortag zubereiten und zugedeckt in den Kühlschrank stellen.

* Den Salat können Sie bis einschließlich Punkt 5 etwa 4 Stunden vor dem Servieren zubereiten und im Kühlschrank durchziehen lassen.

Spirelli-Salat mit Paprikasauce und gebratenem Salbei

Nudeln – fein gemacht

Zubereitungszeit: 75 Minuten, ohne Durchziehzeit
12 Portionen

10 l Wasser
10 gestr. TL Salz
1 kg kurze Nudeln (z. B. Spirelli)

8 Stremellachsfilets (je etwa 120 g)
12 geräucherte Forellenfilets (je etwa 120 g)

Für die Paprikasauce:
9 Paprikaschoten (rot, gelb und grün, etwa 1½ kg)
6 Knoblauchzehen
175 ml weißer Balsamico-Essig
Salz
gem. Pfeffer
2–3 Prisen Zucker
200 ml Olivenöl

1 Topf Salbei
6 EL Olivenöl

01 Wasser in einem großen Topf zugedeckt zum Kochen bringen. Dann Salz und Nudeln zugeben. Die Nudeln im geöffneten Topf bei mittlerer Hitze nach Packungsanleitung bissfest kochen, dabei gelegentlich umrühren. Anschließend die Nudeln in ein Sieb geben, mit kaltem Wasser abspülen und abtropfen lassen.

02 Von den Fischfilets evtl. vorhandene Haut abziehen und Gräten entfernen. Die Fischfilets in kleine Stücke schneiden.

03 Für die Paprikasauce Paprikaschoten halbieren, entstielen, entkernen und die weißen Scheidewände entfernen. Schoten abspülen, abtropfen lassen und in Würfel schneiden. Paprikawürfel in einem Mixer oder Blitzhacker grob zerkleinern.

04 Knoblauchzehen abziehen, fein hacken oder durch eine Knoblauchpresse drücken. Zerkleinerte Paprikaschoten mit Balsamico-Essig und Knoblauch verrühren, mit Salz, Pfeffer und Zucker würzen. Danach das Olivenöl unterschlagen.

05 Die Nudeln mit den Lachs- und Forellenstücken in eine große Schüssel geben und mit der Paprikasauce vermischen. Den Salat zugedeckt etwa 1 Stunde im Kühlschrank durchziehen lassen.

06 Kurz vor dem Servieren die Salbeiblätter von den Stängeln zupfen, abspülen und trocken tupfen. Das Olivenöl in einer Pfanne erhitzen. Die Salbeiblätter darin nach und nach braten. Den Salat nochmals durchmischen und abschmecken. Die gebratenen Salbeiblätter auf den Salat geben und den Salat sofort servieren.

Tipp: Die Nudeln können Sie natürlich auch in 2 Portionen kochen, wenn Sie keinen so großen Topf zur Hand haben.

Pro Portion: E: 53 g, F: 34 g, Kh: 68 g, kJ: 3329, kcal: 796, BE: 5,5

Tipps zum Vorbereiten

* Der Salat kann am Vortag wie im Rezept beschrieben bis einschließlich Punkt 5 vorbereitet werden und zugedeckt über Nacht im Kühlschrank durchziehen.

* Oder Sie bereiten die Kartoffelwürfel und die Bohnenstücke wie in Punkt 1 und 2 beschrieben vor und lassen diese zugedeckt über Nacht kühl stehen.

2 ½ kg festkochende Kartoffeln
2 gestr. TL Salz
1 ¼ kg feine, grüne Bohnen oder Prinzessbohnen

6 Knoblauchzehen
3 Bund glatte Petersilie

200 ml Estragonessig
100 ml Wasser
3 EL mittelscharfer Senf
Salz
gem. Pfeffer
250 ml Olivenöl

1,2 kg abgetropftes Muschelfleisch (aus Gläsern)
780 g abgetropfte Tunfischstücke (in Lake, aus Gläsern)

3 Kopfsalate (etwa 1 ½ kg)

Salat „Marseiller Art"

Einfach zu machen

Zubereitungszeit: 90 Minuten, ohne Durchziehzeit
12 Portionen

01 Kartoffeln schälen, abspülen, abtropfen lassen und in kleine Würfel schneiden. Die Kartoffelwürfel knapp mit Wasser bedeckt in einen Topf geben, mit Salz bestreuen und zum Kochen bringen. Die Kartoffelwürfel zugedeckt in etwa 10 Minuten knapp gar (bissfest) kochen und dann in einem Sieb abtropfen lassen.

02 In der Zwischenzeit von den Bohnen die Enden abschneiden. Die Bohnen evtl. abfädeln, abspülen, abtropfen lassen und quer halbieren. Salzwasser in einem Topf zum Kochen bringen und die Bohnen darin in 5–10 Minuten ebenfalls knapp gar (bissfest) kochen. Die Bohnen dann in einem Sieb abtropfen lassen.

03 Knoblauchzehen abziehen, leicht zerdrücken und fein hacken. Petersilie abspülen und trocken tupfen. Einige Stängel zum Garnieren beiseitelegen. Von den restlichen Stängeln die Blättchen abzupfen. Die Blättchen klein schneiden.

04 Estragonessig mit Wasser und Senf verrühren. Knoblauch und Petersilie unterrühren, mit Salz und Pfeffer würzen und das Olivenöl unterschlagen.

05 Kartoffelwürfel, Bohnenstücke, Muschelfleisch und Tunfischstücke getrennt voneinander in Schüsseln füllen. Die Marinade darauf verteilen und jeweils unterrühren. Die Schüsseln zugedeckt im Kühlschrank etwa 1 Stunde durchziehen ziehen lassen, dabei gelegentlich umrühren.

06 Die Kopfsalate putzen und die äußeren, welken Blätter entfernen. Salatblätter vom Strunk zupfen und in reichlich Wasser gründlich waschen, aber nicht drücken. Salat in einem Sieb gut abtropfen lassen oder in einer Salatschleuder trocken schleudern.

07 Die Salatblätter auf einer großen Platte oder Schale verteilen. Kartoffelwürfel, Bohnenstücke, Muschelfleisch und Tunfischstücke evtl. nochmals mit Salz und Pfeffer abschmecken, auf den Salatblättern anrichten und mit den beiseitegelegten Petersilienstängeln garnieren.

Beilage: Zwiebelbrot oder Knoblauchbaguette.

Pro Portion: E: 34 g, F: 23 g, Kh: 36 g, kJ: 2060, kcal: 492, BE: 3,0

Tipps zum Vorbereiten

* Die Kartoffeln und die Eier bereits am Vortag kochen.

* Der Salat kann gut einige Stunden vor dem Verzehr bis einschließlich Punkt 4 zubereitet und zugedeckt in den Kühlschrank gestellt werden.

Kürbis-Kartoffel-Salat nach Steirischer Art

Mal anders

Zubereitungszeit: 60 Minuten, ohne Abkühl- und Durchziehzeit
Garzeit: 25–35 Minuten
12 Portionen

2 ¼ kg festkochende Kartoffeln
2 TL Salz

2 Gemüsezwiebeln
600 g abgetropfter, eingelegter Kürbis (aus dem Glas)

Für die Salatsauce:
350 ml Gemüsebrühe
100 ml Kürbisflüssigkeit (aus dem Glas)
100 ml Kräuteressig
1 TL Currypulver
Salz
gem. Pfeffer
Zucker
75 ml Rapsöl

6 Eier (Größe M)
200 g geröstete Kürbiskerne
6 EL Kürbiskernöl

01 Die Kartoffeln gründlich waschen, evtl. abbürsten und knapp mit Wasser bedeckt zum Kochen bringen. Salz hinzugeben. Die Kartoffeln zugedeckt in 25–35 Minuten gar kochen und abgießen. Die Kartoffeln abdämpfen und dann abkühlen lassen.

02 Die Kartoffeln pellen und in Scheiben schneiden. Die Gemüsezwiebeln abziehen, halbieren und in feine Streifen schneiden oder hobeln.

03 Von den Kürbisstücken die Flüssigkeit auffangen und 100 ml für die Salatsauce abmessen. Die Kürbisstücke evtl. etwas kleiner schneiden, mit den Kartoffelscheiben und Zwiebelstreifen in eine große Schüssel geben.

04 Für die Sauce Brühe mit abgemessener Kürbisflüssigkeit und Essig verrühren, mit Curry, Salz, Pfeffer und Zucker würzen. Das Rapsöl unterschlagen. Die Salatsauce unter die Salatzutaten mischen. Den Salat zugedeckt im Kühlschrank etwa 1 Stunde durchziehen lassen.

05 Inzwischen die Eier in kochendem Wasser in etwa 10 Minuten hart kochen, abschrecken und erkalten lassen. Die Eier pellen und in Scheiben oder Stücke schneiden.

06 Den Kartoffelsalat nochmals durchmischen, mit Salz, Pfeffer und etwas Kürbisflüssigkeit abschmecken. Die Eierscheiben oder Eierstücke vorsichtig unterheben. Den Salat mit Kürbiskernen bestreut und Kürbiskernöl beträufelt servieren.

Beilage: Wer mag, serviert zusätzlich gebratenen Leberkäse dazu.

Tipp: Statt Kürbis können Sie die gleiche Menge Gewürzgurken und Gurkenflüssigkeit (aus dem Glas) nehmen.

Pro Portion: E: 14 g, F: 22 g, Kh: 32 g, kJ: 1604, kcal: 383, BE: 2,5

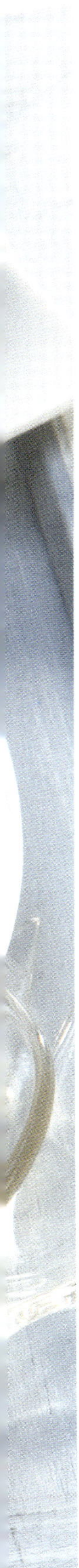

Tipps zum Vorbereiten

* Die Pilze können Sie bereits am Vorabend einweichen.

* Den Salat können Sie auch 2–3 Stunden vor dem Servieren zubereiten und zugedeckt in den Kühlschrank stellen.

Reisnudelsalat mit Putenstreifen

Asiatisch inspiriert

Zubereitungszeit: 80 Minuten, ohne Abkühlzeit
12 Portionen

etwa 1 l Wasser
60 g getrocknete Mu-err-Pilze
600 g Reisnudeln

1 kg Putenbrustfilet
100 g Ingwer
6 Knoblauchzehen
4–5 EL Sojasauce
1 ½ EL Currypulver
3 EL Austernsauce (Asialaden)
4–5 TL Speisestärke
7–8 EL Sojaöl

600 g Möhren
500 g grüner Spargel
Salzwasser
100 g geröstete Erdnusskerne

Für die Sauce:
6 EL Sojasauce
6 EL Reisessig
1 EL Sambal Oelek
Salz
125 ml Sojaöl

450 g Sojasprossen

01 Das Wasser in einem Topf zum Kochen bringen. Die Pilze darin aufkochen und im Wasser abkühlen lassen.

02 Die Reisnudeln nach Packungsanleitung zubereiten, abgießen, mit kaltem Wasser abschrecken und abtropfen lassen. Die Reisnudeln in eine große Schüssel geben.

03 Inzwischen das Putenbrustfilet unter fließendem kalten Wasser abspülen, trocken tupfen und in feine Streifen schneiden. Ingwer schälen und fein schneiden. Knoblauch abziehen und fein hacken. Putenstreifen mit Sojasauce, Curry, Austernsauce, Ingwer und Knoblauch würzen. Das Ganze mit der Speisestärke bestäuben und die Stärke unterrühren.

04 Die Hälfte vom Sojaöl in einer großen Pfanne erhitzen. Die Hälfte der Putenstreifen darin rundherum anbraten, noch weitere 3–5 Minuten braten und abkühlen lassen. Die restlichen Putenstreifen in dem restlichen Sojaöl auf die gleiche Weise braten, aus der Pfanne nehmen und abkühlen lassen.

05 Die Möhren putzen und schälen. Den Spargel im unteren Drittel schälen, die unteren Enden abschneiden. Möhren und Spargel abspülen, abtropfen lassen und in sehr dünne Scheiben schneiden. Salzwasser in einem Topf zum Kochen bringen. Die Möhren- und Spargelscheiben darin kurz blanchieren, in ein Sieb geben, mit kaltem Wasser abschrecken und abtropfen lassen.

06 Die Pilze abgießen, abtropfen lassen, in feine Streifen schneiden und mit Erdnüssen, Möhren- und Spargelscheiben unter die Reisnudeln heben.

07 Für die Sauce Sojasauce mit Reisessig, Sambal Olek und Salz verrühren. Sojaöl unterschlagen. Die Sauce über den Salat geben.

08 Die Sprossen abspülen und abtropfen lassen. Die Putenstreifen mit den Sojasprossen untermischen und den Salat vor dem Servieren nochmals abschmecken.

Pro Portion: E: 31 g, F: 20 g, Kh: 58 g, kJ: 2223, kcal: 530, BE: 4,5

Tipps zum Vorbereiten

* Die Kartoffeln am Vortag kochen und über Nacht erkalten lassen. Oder den Salat bis einschließlich Punkt 3 zubereiten und zugedeckt in den Kühlschrank stellen.

* Der Salat kann fertig zubereitet 3–4 Stunden zugedeckt im Kühlschrank durchziehen.

Tunfisch-Kartoffel-Salat

Einfach zu machen

Zubereitungszeit: 60 Minuten, ohne Abkühl- und Durchziehzeit
Garzeit: 25–35 Minuten
12 Portionen

2 ½ kg festkochende Kartoffeln
2 TL Salz

Für die Sauce:
300 g Salatmayonnaise
300 ml Gemüsebrühe
2 EL mittelscharfer Senf
2–3 EL Weinessig
etwas Zucker
Salz
gem. Pfeffer

3 rote Zwiebeln
500 g Cocktailtomaten
3 rote Paprikaschoten
300 g Staudensellerie
2 Bund glatte Petersilie
etwa 550 g abgetropfter Tunfisch (in Lake)

01 Die Kartoffeln gründlich waschen, evtl. abbürsten. Die Kartoffeln knapp mit Wasser bedeckt zum Kochen bringen. Salz hinzugeben, wieder zum Kochen bringen und die Kartoffeln zugedeckt in 25–35 Minuten gar kochen.

02 Dann die Kartoffeln abgießen, abdämpfen und abkühlen lassen. Die Kartoffeln pellen und in Würfel schneiden.

03 Für die Sauce die Mayonnaise mit Gemüsebrühe, Senf und Essig verrühren, mit Zucker, Salz und Pfeffer abschmecken. Die Kartoffelwürfel mit der Salatsauce in einer großen Schüssel vermischen.

04 Zwiebeln abziehen und in dünne Spalten schneiden. Tomaten abspülen, abtrocknen, halbieren und evtl. die Stängelansätze herausschneiden.

05 Paprikaschoten halbieren, entstielen, entkernen und die weißen Scheidewände entfernen. Schoten abspülen, abtropfen lassen und in feine Streifen schneiden.

06 Staudensellerie putzen, abspülen und abtropfen lassen. Die harten Außenfäden abziehen. Stangen in dünne Scheiben schneiden.

07 Die Petersilie abspülen, trocken tupfen und die Blättchen von den Stängeln zupfen. Einige Blättchen zum Garnieren beiseitelegen. Die restlichen Blättchen fein schneiden.

08 Den Tunfisch in kleine Stücke zerpflücken, mit Selleriescheiben, Zwiebelspalten, Tomaten, Paprikastreifen und Petersilie unter die Kartoffelmischung mengen. Den Salat zugedeckt im Kühlschrank etwa 1 Stunde durchziehen lassen.

09 Zum Servieren den Salat nochmals durchmischen, mit Essig, Zucker, Salz und Pfeffer abschmecken, mit den beiseitegelegten Petersilienblättchen garnieren.

Pro Portion: E: 15 g, F: 14 g, Kh: 33 g, kJ: 1352, kcal: 323, BE: 2,5

Tipps zum Vorbereiten

* Die Kartoffeln bereits am Vortag kochen und erkalten lassen.

* Und auch die Bohnen können Sie mit der Marinade am Vortag zubereiten (Punkt 2 und 3) und im Kühlschrank zugedeckt durchziehen lassen.

1 ½ kg festkochende Kartoffeln
Salz
1 kg grüne Bohnen
Salz

Für die Marinade:
125 ml Kräuteressig
2–3 TL Zucker
150 ml Olivenöl
gem. Pfeffer

4 große, gelbe Paprikaschoten
675 g Graved Lachs mit Sauce (aus dem Kühlregal)
450 g Crème fraîche
750 g Cocktailtomaten
einige Stängel Dill

Gemüse-Kartoffel-Salat mit Lachs

Bunt und lecker

Zubereitungszeit: 60 Minuten, ohne Abkühl- und Marinierzeit
Garzeit: 25–35 Minuten
12 Portionen

01 Die Kartoffeln gründlich waschen, evtl. abbürsten und knapp mit Wasser bedeckt zum Kochen bringen. Salz hinzugeben. Die Kartoffeln zugedeckt in 25–35 Minuten gar kochen und abgießen. Die Kartoffeln abdämpfen und dann etwas abkühlen lassen.

02 Inzwischen von den Bohnen die Enden abschneiden. Die Bohnen evtl. abfädeln und in etwa 3 cm lange Stücke schneiden. Die Bohnenstücke abspülen. Salzwasser zum Kochen bringen. Die Bohnenstücke darin etwa 10 Minuten garen. Dann die Bohnenstücke in ein Sieb geben, mit kaltem Wasser abschrecken, abtropfen lassen und etwas abkühlen lassen.

03 Für die Marinade Essig mit Zucker verrühren. Olivenöl unterschlagen. Marinade mit Salz und Pfeffer würzen. Die Marinade mit den warmen Bohnen vermengen und etwas durchziehen lassen.

04 Die Paprikaschoten halbieren, entstielen, entkernen und die weißen Scheidewände entfernen. Die Schoten abspülen, abtropfen lassen und in Streifen schneiden.

05 Die Kartoffeln pellen und in Scheiben schneiden. Die Kartoffelscheiben mit den Lachsscheiben dekorativ auf 12 Portionstellern anrichten, dabei die Kartoffelscheiben mit Salz und Pfeffer bestreuen.

06 Die marinierten Bohnen mit den Paprikastreifen mischen und auf den Kartoffelscheiben verteilen.

07 Crème fraîche mit der Graved-Lachs-Sauce verrühren und mit Salz abschmecken. Etwas von der Sauce mithilfe eines Löffels auf den Salat sprenkeln.

08 Tomaten abspülen, abtrocknen, halbieren und die Stängelansätze herausschneiden. Dill abspülen, trocken tupfen und in kleine Stängel zupfen. Salat mit Tomaten und Dill garniert servieren. Die restliche Sauce dazureichen.

Pro Portion: E: 18 g, F: 27 g, Kh: 32 g, kJ: 1870, kcal: 448, BE: 2,5

Tipps zum Vorbereiten

* Die Kartoffeln bereits am Vortag kochen und erkalten lassen.

* Sie können aber auch den Salat bis einschließlich Punkt 3 zubereiten und über Nacht im Kühlschrank durchziehen lassen.

Kartoffelsalat „Texicana“

Zum Vorbereiten

Zubereitungszeit: 60 Minuten, ohne Abkühl- und Durchziehzeit
Garzeit: 25–35 Minuten
12 Portionen

2 ¼ kg festkochende Kartoffeln
2 gestr. TL Salz

Für die Sauce:
375 ml heiße Gemüsebrühe
300 g Schmand (Sauerrahm)
100 ml Speiseöl, z. B. Rapsöl
Salz
gem. Pfeffer
½ TL Zucker
3 EL Barbecue-Gewürz

Für den Salat:
840 g abgespülter, abgetropfter Mais-Bohnen-Mix mit Paprikastückchen (aus der Dose)
750 g abgespülte, abgetropfte Kidneybohnen (aus der Dose)
2 Bund Schnittlauch
750 g Mini-Würstchen
9 EL Röstzwiebeln (aus der Packung)

01 Die Kartoffeln gründlich waschen, evtl. abbürsten und knapp mit Wasser bedeckt in einem Topf zum Kochen bringen. Salz hinzufügen und die Kartoffeln zugedeckt in 25–35 Minuten gar kochen. Die Kartoffeln abgießen, abdämpfen und abkühlen lassen.

02 Für die Sauce Brühe und Schmand in einer Schüssel verrühren. Speiseöl unterschlagen. Sauce mit Salz, Pfeffer, Zucker und Barbecue-Gewürz abschmecken.

03 Die Kartoffeln pellen, in Scheiben schneiden und in eine große Schüssel geben. Den Mais-Bohnen-Mix und die Kidneybohnen mit der Salatsauce unter die Kartoffelscheiben mischen. Den Salat zugedeckt etwa 30 Minuten im Kühlschrank durchziehen lassen, dabei 2-mal durchmischen.

04 Schnittlauch abspülen, trocken tupfen, in Röllchen schneiden. Mini-Würstchen und Schnittlauchröllchen unter den Kartoffelsalat heben. Den Salat nochmals mit Salz, Pfeffer und Gewürz abschmecken. Den Kartoffelsalat mit Röstzwiebeln bestreut servieren.

Tipps: Servieren Sie den Salat zusätzlich mit einem Klecks Schmand auf jeder Portion. Statt Mini-Würstchen machen sich auch Cabanossi-Scheiben oder Mini-Frikadellen gut im Salat. Wer das Barbecue-Gewürz nicht zur Hand hat, kann auch Cayennepfeffer verwenden und schmeckt den Salat feurig ab.

Pro Portion: E: 22 g, F: 34 g, Kh: 48 g, kJ: 2160, kcal: 581, BE: 4,0

Vegetarische Salate

Hier ist alles im grünen Bereich. Mit dem bunt gemischten Gemüse-Obst-Tatar, dem in Grün gehaltenen 1-kg-Salat und dem asiatisch inspirierten Rosenkohl-Champignon-Salat werden Vegetarier und Nicht-Vegetarier am Salat-Buffet glücklich. Getunt mit Tomatenwürfelchen, rosa Pfefferbeeren oder rotem Basilikum machen die Salate auch optisch was her.

Tipps zum Vorbereiten

* Den Zartweizen können Sie schon am Vortag kochen.

* Der Salat kann gut 3–4 Stunden vor dem Servieren zubereitet werden und etwas länger im Kühlschrank durchziehen.

Zartweizensalat mit Schafskäse

Einfach zu machen

Zubereitungszeit: 60 Minuten, ohne Abkühl- und Durchziehzeit
12 Portionen

750 g Zartweizen

1 kg Möhren
3 grüne Paprikaschoten
3 gelbe Paprikaschoten
2 Bund Frühlingszwiebeln
8–9 Tomaten
600 g Schafskäse
150 g getrocknete Soft-Tomaten
300 g abgetropfte, entsteinte schwarze Oliven

Für die Sauce:
einige Stängel Zitronenthymian oder Thymian
125 ml Weißweinessig
75 ml Mineralwasser
3 TL körniger Senf
1 EL geriebener Meerrettich
Salz
etwas Zucker
gem. Pfeffer
150 ml Olivenöl

01 Den Zartweizen nach Packungsanleitung zubereiten und erkalten lassen.

02 In der Zwischenzeit Möhren putzen, schälen, abspülen, abtropfen lassen und in feine Stifte schneiden.

03 Die Paprikaschoten halbieren, entstielen, entkernen und die weißen Scheidewände entfernen. Die Schoten abspülen, abtropfen lassen und in kleine Würfel schneiden.

04 Die Frühlingszwiebeln putzen, abspülen, abtropfen lassen und in dünne Scheiben schneiden. Die Tomaten abspülen, abtrocknen, halbieren und die Stängelansätze herausschneiden. Die Tomaten in Stücke schneiden.

05 Den Schafskäse in Würfel schneiden. Getrocknete Tomaten und Oliven in kleine Stücke schneiden. Die vorbereiteten Zutaten mit dem Zartweizen vermischen.

06 Für die Sauce Thymian abspülen, trocken tupfen und die Blättchen von den Stängeln zupfen. Einige Blättchen zum Garnieren beiseitelegen.

07 Essig mit Mineralwasser, Senf und Meerrettich verrühren, mit Salz, Zucker und Pfeffer würzen. Das Olivenöl unterschlagen. Die Sauce mit den Salatzutaten vorsichtig mischen. Den Salat zugedeckt im Kühlschrank etwa 1 Stunde durchziehen lassen.

08 Zum Servieren den Salat nochmals durchmischen, abschmecken und mit den beiseitegelegten Thymianblättchen garnieren.

Pro Portion: E: 19 g, F: 31 g, Kh: 61 g, kJ: 2506, kcal: 598, BE: 4,5

Tipp zum Vorbereiten

* Der Salat kann bis einschließlich Punkt 6 etwa 4 Stunden vor dem Servieren zubereitet werden und zugedeckt im Kühlschrank durchziehen.

Karamellisierter Ananas-Kürbis-Salat

… auf dem Salatbett

Zubereitungszeit: 105 Minuten
12 Portionen

850 g Ananasfruchtfleisch
1 kg Hokkaido-Kürbis
4 EL Olivenöl
4 EL Zucker (etwa 50 g)

6 Schalotten (etwa 200 g)
4 Knoblauchzehen
6 milde Peperoni (etwa 100 g)
1–2 EL gehackte Koriander- oder glatte Petersilienblättchen

Für die Salatsauce:
150 ml Weißweinessig
Salz
gem. Pfeffer
200 ml Olivenöl

200 g Feldsalat
200 g Rucola (Rauke)
100 g Rote-Beete-Blätter (oder rot-grüner Pflücksalat)
200 g Portulak
1 Topf rotes Basilikum

01 Das Ananasfruchtfleisch zuerst in etwa 1 cm dicke Scheiben und dann in mundgerechte Stücke schneiden. Den Kürbis achteln, schälen und entkernen. Das Fruchtfleisch in kleine Stücke schneiden.

02 Etwa die Hälfte des Olivenöls in einer beschichteten Pfanne erhitzen. Die Ananasstücke unter Wenden darin anbraten, mit etwa der Hälfte des Zuckers bestreuen, unter mehrmaligem Wenden die Ananasstücke karamellisieren. Die karamellisierten Ananasstücke in eine große Schüssel geben.

03 Restliches Olivenöl in der Pfanne erhitzen. Die Kürbisstücke darin ebenfalls unter Wenden anbraten, restlichen Zucker daraufstreuen und die Kürbisstücke unter Wenden karamellisieren. Die Kürbisstücke zu den Ananasstücken geben und abkühlen lassen.

04 Inzwischen Schalotten und Knoblauchzehen abziehen. Die Schalotten längs halbieren und in Scheiben schneiden. Knoblauch durch eine Knoblauchpresse drücken. Die Peperoni halbieren, entstielen, entkernen und die Scheidewände entfernen. Peperonihälften abspülen, abtropfen lassen und in feine Streifen schneiden.

05 Die Koriander- oder Petersilienblättchen mit Schalotten, Knoblauch und Peperoni unter die Ananas-Kürbis-Mischung rühren.

06 Für die Salatsauce Weinessig mit Salz und Pfeffer würzen, das Olivenöl unterschlagen. Die Salatsauce mit den Salatzutaten in der Schüssel gut vermischen, etwa 30 Minuten durchziehen lassen.

07 Inzwischen den Feldsalat putzen und die Wurzeln entfernen. Rucola, Rote-Bete-Blätter und Portulak verlesen und evtl. dicke Stängel entfernen. Basilikumblätter von den Stängeln zupfen. Die Salate und Blättchen abspülen und gut abtropfen lassen, evtl. leicht trocken schleudern.

08 Etwa drei Viertel der Blattsalate und Basilikumblättchen auf einer großen Platte zu einem Salatbett auslegen. Darauf den vorbereiteten Salat anrichten und mit den restlichen Salatblättern und Basilikumblättchen garniert servieren.

Beilage: Dazu ofenwarmes Baguette reichen.

Pro Portion: E: 2 g, F: 20 g, Kh: 18 g, kJ: 1123, kcal: 268, BE: 1,5

Grüner 1-kg-Salat

Asiatisch angemacht

Zubereitungszeit: 90 Minuten, ohne Durchziehzeit
12 Portionen

Tipp zum Vorbereiten

* Den Salat können Sie gut 3–5 Stunden vor dem Servieren zubereiten und zugedeckt im Kühlschrank stehen lassen. Den Salat dann etwa 30 Minuten vor dem Servieren aus dem Kühlschrank nehmen.

500 g Instant-Reisnudeln

1 kg grüne Bohnen
1 kg Zuckerschoten
Salzwasser
1 kg grüne Paprikaschoten
1 kg Brokkoli

Für das Dressing:
4–5 Stängel Koriander
50 g grüne Curry-Paste
100 ml Sojasauce
100 ml Reisessig (oder Weißweinessig)
Salz
gem. Pfeffer
½ TL Zucker
250 ml Erdnussöl

01 Die Reisnudeln nach Packungsanleitung zubereiten.

02 In der Zwischenzeit von den Bohnen und Zuckerschoten die Enden abschneiden. Die Bohnen evtl. abfädeln. Bohnen und Zuckerschoten abspülen und abtropfen lassen. Die Bohnen je nach Länge 1–2-mal durchschneiden.

03 Salzwasser in einem Topf zum Kochen bringen und zuerst die Bohnenstücke darin etwa 5 Minuten garen, dann mit einer Schaumkelle herausnehmen, mit kaltem Wasser abschrecken und abtropfen lassen. Dann das Salzwasser wieder zum Kochen bringen und die Zuckerschoten darin etwa 3 Minuten garen. Dann die Zuckerschoten mit einer Schaumkelle herausnehmen, in ein Sieb geben, mit kaltem Wasser abschrecken und abtropfen lassen.

04 Paprikaschoten halbieren, entstielen, entkernen und die weißen Scheidewände entfernen. Schoten abspülen, abtropfen lassen und in kleine Stücke schneiden. Brokkoli putzen und den Strunk entfernen. Brokkoli abspülen, abtropfen lassen und in Röschen teilen.

05 Salzwasser im Topf wieder zum Kochen bringen. Die Brokkoliröschen darin 3–5 Minuten garen, herausnehmen, mit kaltem Wasser abschrecken, abtropfen lassen. Dann die Paprikastücke in dem kochenden Salzwasser etwa 3 Minuten garen, dann ebenfalls mit kaltem Wasser abschrecken und abtropfen lassen.

06 Die Reisnudeln in etwa 5 cm lange Stücke schneiden, mit den Bohnen, den Zuckerschoten, den Paprikastücken und dem Brokkoli in einer großen Schüssel vermischen.

07 Für das Dressing Koriander abspülen, trocken tupfen, die Blättchen von den Stängeln zupfen und die Blättchen fein hacken. Die Curry-Paste mit Sojasauce und Essig verrühren. Koriander unterrühren und mit wenig Salz, Pfeffer und Zucker würzen. Das Erdnussöl unterschlagen und mit der Nudel-Gemüse-Mischung vermischen. Den Salat zugedeckt im Kühlschrank etwa 1 Stunde durchziehen lassen.

08 Zum Servieren den Salat nochmals durchmischen und abschmecken.

Beilage: Servieren Sie Krabbenbrot (Kroepoek) zum Salat.

Pro Portion: E: 12 g, F: 22 g, Kh: 53 g, kJ: 1907, kcal: 455, BE: 4,5

Tipp zum Vorbereiten

* Der Salat kann bis zu 3 Stunden vor den Servieren fertig zubereitet werden und zugedeckt im Kühlschrank durchziehen.

Gemüse-Obst-Tatar

Pikant-fruchtig

Zubereitungszeit: 70 Minuten, ohne Durchziehzeit
12 Portionen

660 g milde Peperoni in rot und grün
12 Nektarinen (etwa 1,8 kg)
6 Mangos (etwa 3 kg)
1,8 kg Staudensellerie

350 g Glasnudeln

1 Topf Thai-Basilikum oder Basilikum

Für das Limettendressing:
75–100 ml Limettensaft
200 ml süße Chilisauce
etwa 60 g brauner Zucker
2 TL Sambal Oelek
Salz
gem. Pfeffer
gem. Kreuzkümmel
100 ml Erdnussöl

01 Die Peperoni halbieren, entstielen, entkernen und die Scheidewände entfernen. Peperonihälften abspülen, abtropfen lassen und in kleine Würfel schneiden.

02 Nektarinen abspülen und abtrocknen. Die Nektarinen halbieren, entsteinen und das Fruchtfleisch in kleine Würfel schneiden.

03 Mangos schälen. Das Fruchtfleisch vom Stein schneiden. Das Fruchtfleisch ebenfalls fein würfeln.

04 Staudensellerie putzen und die harten Außenfäden abziehen. Sellerie abspülen und abtropfen lassen. Sellerie fein würfeln.

05 Die Glasnudeln nach Packungsanleitung zubereiten, dann abtropfen lassen und die Glasnudeln in etwa 3 cm lange Stücke schneiden.

06 Inzwischen Basilikum abspülen, trocken tupfen und die Blättchen von den Stängeln zupfen. Einige Blättchen zum Garnieren beiseitelegen, die restlichen Blättchen fein schneiden.

07 Für das Limettendressing den Limettensaft mit Chilisauce und braunem Zucker verrühren, bis der Zucker sich gelöst hat. Das Dressing mit Sambal Oelek, Salz, Pfeffer und Kreuzkümmel würzen. Das Erdnussöl unterschlagen.

08 Die Obst- und Gemüsewürfel mit den Glasnudeln und dem Basilikum in einer großen Schüssel vermischen. Das Limettendressing dazugeben und untermischen. Das Tatar zugedeckt etwa 1 Stunde im Kühlschrank durchziehen lassen.

09 Zum Servieren das Gemüse-Obst-Tatar nochmals durchmischen, abschmecken und mit den beiseitegelegten Basilikumblättchen garniert servieren.

Pro Portion: E: 5 g, F: 10 g, Kh: 77 g, kJ: 1840, kcal: 440, BE: 6,5

Tipp zum Vorbereiten

* Die Kartoffeln können Sie schon am Vortag vorbereiten. Die erkalteten Kartoffeln über Nacht kalt stellen.

Indianersalat

Gelingt leicht

Zubereitungszeit: 60 Minuten, ohne Durchziehzeit
Garzeit: 25–35 Minuten
12 Portionen

2 kg festkochende Kartoffeln
1 TL Salz

750 g Tomaten
etwa 600 g frisches Ananasfruchtfleisch (ohne Strunk)
6 Bananen
150 ml Zitronensaft

Für die Salatsauce:
500 g Salatmayonnaise
300 g saure Sahne
100 ml Gemüsebrühe
4–5 EL Zitronensaft
4 TL mittelscharfer Senf
Salz
gem. Pfeffer
1–2 gestr. TL Paprikapulver edelsüß
1 Prise Zucker

01 Die Kartoffeln gründlich waschen, evtl. abbürsten. Die Kartoffeln knapp mit Wasser bedeckt zum Kochen bringen. Salz hinzugeben und die Kartoffeln zugedeckt in 25–35 Minuten gar kochen.

02 Dann die Kartoffeln abgießen, abdämpfen und abkühlen lassen. Die Kartoffeln pellen und in Würfel schneiden.

03 Tomaten abspülen, kreuzweise einschneiden und mit kochendem Wasser übergießen. Nach 1–2 Minuten herausnehmen, mit kaltem Wasser abschrecken, häuten, halbieren, entkernen und die Stängelansätze herausschneiden. Tomatenhälften in Würfel schneiden.

04 Ananasfruchtfleisch würfeln. Bananen schälen und in Scheiben schneiden. Bananenscheiben mit Zitronensaft beträufeln. Die vorbereiteten Salatzutaten in eine Schüssel geben und vorsichtig vermischen.

05 Für die Salatsauce Mayonnaise mit saurer Sahne, Gemüsebrühe, Zitronensaft und Senf verrühren, mit Salz, Pfeffer, Paprika und Zucker würzen. Die Sauce vorsichtig unter die Salatzutaten heben. Den Salat etwas durchziehen lassen und nochmals mit den Gewürzen abschmecken.

Pro Portion: E: 5 g, F: 25 g, Kh: 45 g, kJ: 1804, kcal: 431, BE: 3,5

Tipp zum Vorbereiten

* Den Salat können Sie etwa bis zu 4 Stunden vor dem Servieren zubereiten und zugedeckt in den Kühlschrank stellen. Den Salat dann etwa 30 Minuten vor dem Servieren aus dem Kühlschrank nehmen.

Grill-Salat

Ideal für die Sommerparty

Zubereitungszeit: 100 Minuten, ohne Durchziehzeit
12 Portionen

1 ½ kg Halloumi-Käse
1 ¼ kg Zucchini
6 Paprikaschoten (rot und grün, etwa 1 ¼ kg)
1 Knoblauchknolle (etwa 100 g)
4–6 EL Olivenöl

1 ¼ kg Tomaten
1 Bund Thymian
2 EL rosa Pfefferbeeren

Für das Dressing:
etwa 80 ml Limettensaft
175 ml Olivenöl
Salz
gem. Pfeffer
1 TL Zucker

01 Die Halloumi-Käsestücke jeweils längs halbieren, zuerst in etwa 1 cm dicke Scheiben, dann in Stücke schneiden.

02 Zucchini abspülen, trocken tupfen und die Enden abschneiden. Zucchini evtl. längs halbieren und in dünne Scheiben schneiden.

03 Paprikaschoten halbieren, entstielen, entkernen und die weißen Scheidewände entfernen. Schoten abspülen, abtropfen lassen und vierteln. Die Viertel nochmals halbieren. Die Knoblauchknolle in einzelne Zehen zerlegen, abziehen und in Stücke schneiden.

04 Käsestücke, Zucchinischeiben, Paprikastücke und Knoblauch mit dem Olivenöl vermischen und portionsweise unter Wenden in einer erhitzten Grillpfanne braten. Gebratenes Gemüse und Käsescheiben in eine große Schüssel geben und etwas abkühlen lassen.

05 Inzwischen die Tomaten abspülen, abtropfen lassen, halbieren und die Stängelansätze herausschneiden. Tomaten in Stücke schneiden. Thymian abspülen, trocken tupfen und die Blättchen von den Stängeln zupfen.

06 Die Tomatenstücke, Thymianblättchen und rosa Pfefferbeeren mit den gebratenen Salatzutaten in der großen Schüssel mischen.

07 Für das Dressing Limettensaft mit Olivenöl verschlagen, mit Salz, Pfeffer und Zucker würzen. Das Limettendressing mit den Salatzutaten in der Schüssel vermischen. Den Salat zugedeckt mindestens 1 Stunde durchziehen lassen.

08 Zum Servieren den Salat nochmals durchmischen und abschmecken.

Beilage: Dazu Baguette-Scheiben mit Kräuterbutter bestreichen und im Backofen oder auf dem Grill grillen.

Tipps: Die Gemüsestücke und den Halloumi-Käse können Sie im Sommer auch auf dem Grill zubereiten.
Statt mit Limettensaft können Sie das Dressing auch mit Aceto balsamico zubereiten.

Pro Portion: E: 39 g, F: 57 g, Kh: 12 g, kJ: 2993, kcal: 715, BE: 0,5

Tipp zum Vorbereiten

* Der Salat schmeckt gut durchgezogen am besten. Deshalb eignet sich dieser Salat besonders zur Zubereitung am Vortag.

Gemüse-Linsen-Salat mit Senfdressing

Gut vorzubereiten

Zubereitungszeit: 40 Minuten, ohne Abkühl- und Durchziehzeit
Garzeit: 35–45 Minuten
12 Portionen

Für den Salat:
1 kg Tellerlinsen
3 ½ l Gemüsebrühe
3 Gemüsezwiebeln
3 Bund Suppengrün (Möhre, Porree, Sellerie)

Für das Dressing:
3 geh. EL Salatmayonnaise
6 geh. EL mittelscharfer Senf
175 ml Speiseöl, z. B. Sonnenblumenöl
175 ml Gemüsebrühe (von der Kochflüssigkeit)
½ TL Zucker
Salz
gem. Pfeffer
125 ml Weißweinessig

2 Kästchen Kresse

01 Für den Salat Linsen abspülen, abtropfen lassen und mit der Brühe in einem großen Topf zum Kochen bringen. Die Linsen 35–45 Minuten garen (dabei die Packungsanleitung beachten, die Linsen sollten noch etwas Biss haben).

02 In der Zwischenzeit die Gemüsezwiebeln abziehen, halbieren und fein würfeln. Das Suppengrün putzen, abspülen, abtropfen lassen und in feine Würfel oder Streifen schneiden.

03 Zwiebelwürfel und Gemüsewürfel oder -streifen etwa 10 Minuten vor Ende der Garzeit zu den Linsen geben und mitkochen lassen.

04 Linsen und Gemüse in ein Sieb abgießen, dabei die Gemüsebrühe auffangen und 175 ml abmessen. Das Linsengemüse unter fließendem kalten Wasser abschrecken und gut abtropfen lassen. Die Zutaten erkalten lassen.

05 Für das Dressing Mayonnaise mit Senf verrühren. Speiseöl nach und nach unterschlagen. Abgemessene Gemüsebrühe unterrühren. Das Dressing mit Zucker, Salz, Pfeffer und Essig abschmecken, mit dem Linsengemüse vermischen. Den Salat zugedeckt mindestens 1 Stunde im Kühlschrank durchziehen lassen.

06 Zum Servieren Kresse abspülen, trocken tupfen und mit einer Küchenschere abschneiden. Die Hälfte der Kresse unter den Salat geben. Den Linsensalat nochmals abschmecken und mit der restlichen Kresse garniert servieren.

Pro Portion: E: 23 g, F: 20 g, Kh: 43 g, kJ: 1866, kcal: 446, BE: 3,0

Tipp zum Vorbereiten

* Den Salat ziehen lassen lohnt sich. Deshalb kann der Salat etwa 2 Stunden fertig zubereitet sein, bevor Sie die Auberginen braten.

Griechischer Auberginensalat

Veganer Sommergenuss

Zubereitungszeit: 120 Minuten
12 Portionen

6 Auberginen (etwa 2 ½ kg)
Salz

6 Zwiebeln
6 Knoblauchzehen
600 g Frühlingszwiebeln
1 ¼ kg Tomaten
240 g abgetropfte schwarze Oliven, ohne Stein

etwa 450 ml Olivenöl
6 EL Weißweinessig
gem. Pfeffer
Zucker

01 Die Auberginen abspülen, abtrocknen und die Enden abschneiden. Auberginen quer in etwa 1 cm dicke Scheiben schneiden, mit Salz bestreuen und etwa 15 Minuten stehen lassen.

02 In der Zwischenzeit Zwiebeln und Knoblauch abziehen, beides fein würfeln. Frühlingszwiebeln putzen, abspülen, abtropfen lassen und in feine Scheiben schneiden.

03 Tomaten abspülen, abtrocknen, halbieren und die Stängelansätze herausschneiden. Tomaten in kleine Würfel schneiden. Die Oliven in Stücke schneiden. Zwiebel-, Knoblauchwürfel, Frühlingszwiebelscheiben, Tomatenwürfel und Oliven in einer großen Schüssel vermischen.

04 Etwa 100 ml vom Olivenöl mit dem Essig verrühren, mit Salz, Pfeffer und Zucker würzen. Die Marinade mit den Salatzutaten gut vermischen. Den Salat zugedeckt durchziehen lassen.

05 Inzwischen jeweils etwa 3 Esslöffel von dem Olivenöl in zwei großen Pfannen erhitzen. Je so viele der Auberginenscheiben mit Küchenpapier trocken tupfen, wie nebeneinander in die Pfannen passen, und in dem Öl von jeder Seite in 3–4 Minuten bei mittlerer bis starker Hitze goldbraun braten.

06 Die gebratenen Auberginenscheiben auf Küchenpapier abtropfen lassen. Die restlichen Auberginenscheiben in dem restlichen Öl auf die gleiche Weise zubereiten.

07 Den Salat nochmals durchmischen und mit den Gewürzen abschmecken. Die Auberginenscheiben leicht überlappend auf 12 Tellern oder großen Platten anrichten. Salat darauf verteilen.

Beilage: Frisches oder gegrilltes Fladenbrot.

Tipps: Die Auberginen saugen – trotz des Salzens – relativ viel Öl auf. Das Abtropfen auf Küchenpapier verhindert, dass man unnötiges Fett zu sich nimmt.
Die Auberginenscheiben können auch auf dem Grill gegrillt werden. Dazu dann die Auberginenscheiben mit dem Olivenöl einstreichen, bevor sie gegrillt werden.

Pro Portion: E: 4 g, F: 40 g, Kh: 13 g, kJ: 1799, kcal: 430, BE: 0,5

Tipps zum Vorbereiten

* Die Zutaten in diesem Salat lassen sich gut 4–5 Stunden vor dem Servieren getrennt zubereiten. Kartoffeln, Spargel, Möhren und Frühlingszwiebeln vermischen, zugedeckt kalt stellen. Das Dressing zubereiten und zugedeckt in den Kühlschrank stellen. Sesam anrösten und bereitstellen.

* Die Kresse erst vor dem Anrichten vom Beet schneiden.

Spargel-Kartoffel-Salat

Leicht und frisch im Asia-Look

Zubereitungszeit: 60 Minuten
Garzeit: etwa 15 Minuten
12 Portionen

2 kg kleine neue Kartoffeln (z. B. Drillinge)
2 gestr. TL Salz

2 ½ kg grüner Spargel
750 g Möhren
Salzwasser

75 g Sesamsamen (geschält)
500 g Frühlingszwiebeln

Für das Dressing:
1 ½ kg Joghurt (3,5 % Fett)
60 ml Sojasauce
50 ml Sesamöl
Salz
gem. Pfeffer

evtl. 2 Beete Shiso-Kresse
(ersatzweise Gartenkresse)

01 Die Kartoffeln gründlich waschen, evtl. abbürsten, knapp mit Wasser bedeckt, zugedeckt zum Kochen bringen und das Salz hinzugeben. Die Kartoffeln in etwa 15 Minuten gar kochen. Kartoffeln abgießen und abkühlen lassen.

02 In der Zwischenzeit von dem Spargel das untere Drittel schälen und die unteren Enden abschneiden. Spargel abspülen, abtropfen lassen und schräg in etwa 4 cm lange Stücke schneiden. Möhren putzen, schälen, abspülen, abtropfen lassen und in Stifte schneiden.

03 Das Salzwasser in einem großen Topf zum Kochen bringen. Zuerst die Spargelstücke darin zugedeckt 6–8 Minuten bissfest garen. Dann die Spargelstücke mit einer Schaumkelle aus dem Topf nehmen, mit kaltem Wasser abschrecken und abtropfen lassen.

04 Dann die Möhrenstifte in das kochende Salzwasser geben und etwa 2 Minuten kochen lassen. Die Möhrenstifte in ein Sieb abgießen, mit kaltem Wasser abschrecken und abtropfen lassen.

05 Sesam in einer Pfanne ohne Fett unter Wenden goldbraun rösten und auf einen Teller geben. Frühlingszwiebel putzen, abspülen, abtropfen lassen und schräg in feine Scheiben schneiden. Die Kartoffeln nach Belieben pellen.

06 Für das Dressing Joghurt mit Sojasauce und Sesamöl gut verrühren, mit Salz und Pfeffer würzen. Kartoffeln halbieren oder vierteln, mit den Frühlingszwiebelscheiben zum Dressing geben und vermischen. Spargelstücke und Möhrenstifte unterheben.

07 Kresse abspülen, abtropfen lassen und vom Beet schneiden. Den Kartoffelsalat nochmals abschmecken, anrichten und mit Kresse bestreuen.

Tipps: Zum Mitnehmen auf eine Party bereiten Sie den Salat und das Dressing separat zu und verpacken es in verschiedenen Behältern. Den Salat erst kurz vor dem Verzehr anmachen. Außerhalb der Saison den Salat statt mit Spargel z. B. mit gedünsteten Kohlrabistreifen oder Brokkoliröschen zubereiten.

Pro Portion: E: 14 g, F: 13 g, Kh: 43 g, kJ: 1463, kcal: 349, BE: 3,0

Tipp zum Vorbereiten

* Der Salat kann auch 3–5 Stunden vor dem Verzehr zubereitet werden. Den Salat zudecken und in den Kühlschrank stellen.

Schichtsalat

Titelrezept

Zubereitungszeit: 50 Minuten, ohne Durchziehzeit
12 Portionen

500 g grüner Spargel
3–4 Bund Frühlingszwiebeln
Salzwasser
2 Bund Radieschen
4 rote Paprikaschoten
8 hart gekochte Eier

Für die Sauce:
200 g Doppelrahm-Frischkäse
300 g Joghurt (3,5 % Fett)
150 g Schlagsahne
100 g Tomatenketchup
2 TL geriebener Meerrettich
Salz
gem. Pfeffer
Zucker
½ TL Paprikapulver edelsüß

1 kg abgespülte, abgetropfte Kidneybohnen (aus der Dose)
855 g abgetropfter Gemüsemais (aus der Dose)

01 Vom grünen Spargel das untere Drittel schälen und die unteren Enden abschneiden. Spargel abspülen, abtropfen lassen und in Stücke schneiden. Die Frühlingszwiebeln putzen, abspülen, abtropfen lassen und in dünne Scheiben schneiden.

02 Salzwasser in einem Topf zum Kochen bringen. Zuerst die Spargelstücke darin etwa 5 Minuten garen. Dann die Spargelstücke mit eine Schaumkelle herausnehmen, mit kaltem Wasser abschrecken, abtropfen und erkalten lassen.

03 Das Salzwasser wieder zum Kochen bringen. Die Frühlingszwiebelscheiben darin kurz blanchieren, in ein Sieb geben, mit kaltem Wasser abschrecken, abtropfen und erkalten lassen.

04 Radieschen putzen, abspülen, abtropfen lassen und in dünne Scheiben schneiden. Paprikaschoten halbieren, entstielen, entkernen und die weißen Scheidewände entfernen. Schotenhälften abspülen, abtropfen lassen und in feine Streifen schneiden.

05 Die Eier pellen und in dünne Scheiben schneiden.

06 Für die Sauce Frischkäse mit Joghurt, Sahne, Ketchup und Meerrettich verrühren. Die Sauce mit Salz, Pfeffer, Zucker und Paprikapulver abschmecken.

07 Jeweils die Hälfte der Zutaten schichtweise in eine große Salatschüssel geben (z. B. in folgender Reihenfolge: Kidneybohnen, Frühlingszwiebeln, Radieschen, Eier, Paprika, Spargel, Mais, Salatsauce). Nun die andere Hälfte der Zutaten ebenso daraufschichten oder in einer weiteren Salatschüssel einschichten.

08 Den Salat zugedeckt im Kühlschrank etwa 1 Stunde durchziehen lassen.

Tipps: Den Salat zum Servieren mit einigen Spargelspitzen, Eierachteln, Paprikastreifen, Radieschenscheiben, Mais und Kidneybohnen garnieren. Die Zutaten zum Garnieren bereits bei der Salatzubereitung beiseitestellen. Oder wie im **Titelfoto** zu sehen, den Salat mit einer halben, fein gewürfelten Paprikaschote und 2 Esslöffeln fein gehackter Petersilie garnieren. Der Spargel kann auch durch blanchierte Brokkoliröschen ausgetauscht werden.

Pro Portion: E: 20 g, F: 15 g, Kh: 37 g, kJ: 1551, kcal: 371, BE: 2,5

Tipps zum Vorbereiten

* Der Salat kann bis einschließlich Punkt 2 gut 3–5 Stunden vor dem Servieren zubereitet werden und zugedeckt im Kühlschrank durchziehen.

* Die Tomaten können Sie etwa 1 Stunde vor dem Servieren aushöhlen und füllen.

Käsesalat in Tomaten

Gelingt leicht

Zubereitungszeit: 50 Minuten
12 Portionen

Für den Käsesalat:
900 g Emmentaler (in 3 mm dicken Scheiben)
250 g Salatmayonnaise
200 g Schmand (Sauerrahm)
120 g gehackte Mandeln
3 rotschalige Äpfel
gem. Pfeffer

24 mittelgroße Tomaten

01 Für den Käsesalat den Käse entrinden und in feine Würfel oder Stifte schneiden. Mayonnaise mit Schmand in einer Schüssel verrühren, Mandeln unterrühren.

02 Äpfel gründlich waschen, abtrocknen, vierteln, entkernen und in Streifen schneiden. Die Apfelstreifen und Käsewürfel unter die Mayonnaise rühren, mit Pfeffer abschmecken.

03 Tomaten abspülen, abtrocknen und jeweils einen Deckel abschneiden. Die Tomaten mit einem Teelöffel aushöhlen.

04 Die Tomaten mit dem Käsesalat füllen. Die Deckel jeweils wieder daraufsetzen. Die gefüllten Tomaten auf eine große Platte anrichten und servieren.

Beilage: Frisches Vollkorn-Baguette dazureichen.

Tipps: Je nach der Größe der Tomaten kann etwas vom Käsesalat übrig bleiben. Dann den restlichen Käsesalat nach Belieben auf gewaschenen, trocken getupften Salatblättern oder in einer Schüssel anrichten.
Das Innere der Tomaten für eine Tomatensuppe oder Tomatensauce verwenden.

Pro Portion: E: 23 g, F: 40 g, Kh: 8 g, kJ: 2035, kcal: 486, BE: 0,5

Tipps zum Vorbereiten

* Der Salat lässt sich bis einschließlich Punkt 4 gut 2–3 Stunden vor dem Servieren vorbereiten.

* Zum Servieren die vorbereiteten Salatzutaten nochmals kurz erwärmen (z. B. in der Mikrowelle) und mit den restlichen Zutaten anrichten.

Rosenkohl-Champignon-Salat mit Curry und Koriander

Rosenkohl im asiatischen Gewand

Zubereitungszeit: 75 Minuten
12 Portionen

4 kg Rosenkohl
Salzwasser
150 ml Distelöl
120 g Currypulver
400 g Rosinen
800 ml Gemüsebrühe
1 kg frische rosé Champignons
10 Fleischtomaten

8–10 Stängel Koriander

01 Von dem Rosenkohl die äußeren Blätter entfernen und etwas vom Strunk abschneiden. Die Rosenkohlröschen abspülen, abtropfen lassen und halbieren.

02 Salzwasser in einem großen Topf zum Kochen bringen. Den Rosenkohl darin in etwa 10 Minuten bissfest garen

03 Rosenkohl mit kaltem Wasser abschrecken, abtropfen lassen und in eine große Schüssel geben.

04 Das Distelöl in einem Topf erhitzen. Curry und Rosinen darin unter Rühren andünsten. Gemüsebrühe hinzugießen und aufkochen lassen. Die Brühe mit dem Rosenkohl gut vermischen.

05 Die Champignons putzen, evtl. kurz abspülen, gut trocken tupfen und in dünne Scheiben schneiden oder hobeln. Die Tomaten abspülen, abtrocknen, vierteln, entkernen und die Stängelansätze herausschneiden. Tomaten in kleine Würfel schneiden.

06 Die Champignonscheiben und Tomatenwürfel auf dem Rosenkohl verteilen. Koriander abspülen und trocken tupfen. Die Blättchen von den Stängeln zupfen. Den Rosenkohl-Champignon-Salat mit Korianderblättchen garniert servieren.

Beilage: Dazu frische Sesambrötchen reichen.

Pro Portion: E: 18 g, F: 15 g, Kh: 40 g, kJ: 1572, kcal: 375, BE: 3,0

122

Salate mit Fleisch

Der Genuss von Hackbällchen, Kasseler und Lamm in Verbindung mit Möhren, Wirsing und Spitzpaprika ist etwas für Gäste, die es eher deftig bevorzugen. Senfdressing, Knusperspeck und Pul Biber unterstützen diese Geschmacksvorliebe.
Aber es geht auch anders: Hähnchen schmeckt im Spargelsalat mit Himbeeren oder im Rotkohlsalat mit Aprikosen besonders zart. Und Farbe kommt bei diesen Zutatenkombinationen ebenfalls ins Spiel.

Tipp zum Vorbereiten

* Sie können den Salat am Vortag zubereiten und zugedeckt in den Kühlschrank stellen.

Salat mit Hackfleischbällchen

Dauert länger

Zubereitungszeit: 100 Minuten, ohne Durchziehzeit
12 Portionen

1 ¼ kg Gehacktes (halb Rind-, halb Schweinefleisch)
2 Eier (Größe M)
Salz
gem. Pfeffer
6 EL Speiseöl, z. B. Olivenöl

1 ¼ kg Staudensellerie
1 ¼ kg dicke Möhren
Salzwasser
2 Bund glatte Petersilie

Für das Dressing:
150 ml Kräuteressig
50 ml Apfelsaft
3 EL Gurken- oder Rouladensenf
70 g ger. Meerrettich
1 Prise Zucker
250 ml Speiseöl, z. B. Olivenöl

01 Gehacktes mit den Eiern in eine Schüssel geben und gut vermischen, mit Salz und Pfeffer kräftig abschmecken. Aus der Masse mit angefeuchteten Händen kleine Hackbällchen formen.

02 Etwas vom Speiseöl in einer großen Pfanne erhitzen und etwa die Hälfte der Hackbällchen darin rundherum gut an- und durchbraten. Die gebratenen Bällchen aus der Pfanne nehmen und auf Küchenpapier legen. Die restlichen Gehacktesbällchen in dem restlichen Speiseöl auf die gleiche Weise braten und dann ebenfalls auf das Küchenpapier legen.

03 Staudensellerie putzen und die harten Außenfäden abziehen. Sellerie abspülen, abtropfen lassen, in dünne Scheiben schneiden. Möhren putzen, schälen, abspülen und abtropfen lassen.

04 Salzwasser in einem großen Topf zum Kochen bringen. Die Möhren darin etwa 10 Minuten garen. Dann die Möhren aus dem Topf nehmen, mit kaltem Wasser abspülen und abtropfen lassen. Das Salzwasser wieder zum Kochen bringen und die Selleriescheiben darin 3–5 Minuten garen. Die Selleriescheiben in ein Sieb abgießen, mit kaltem Wasser abspülen und abtropfen lassen.

05 Die Möhren längs halbieren und dann in dünne Scheiben schneiden. Petersilie abspülen und abtropfen lassen, die Blättchen von den Stängeln zupfen und die Blättchen fein schneiden.

06 Für das Dressing Kräuteressig mit Apfelsaft, Senf und geriebenem Meerrettich verrühren, mit Salz, Pfeffer und Zucker würzen. Das Speiseöl unterschlagen.

07 Die Hackbällchen mit den Möhren- und Selleriescheiben und der Petersilie in einer großen Schüssel vermischen. Das Dressing unter den Salat mischen. Den Salat zugedeckt etwa 1 Stunde im Kühlschrank durchziehen lassen.

08 Zum Servieren den Salat mit Hackfleischbällchen nochmals durchmischen und abschmecken.

Pro Portion: E: 23 g, F: 42 g, Kh: 9 g, kJ: 2124, kcal: 507, BE: 0,5

☛ Tipps zum Vorbereiten

* Das Fleisch können Sie schon am Vortag vorbereiten. Den erkalteten Kasseler Braten dann zugedeckt in den Kühlschrank stellen.

* Den Salat können Sie bis einschließlich Punkt 7 etwa 4 Stunden vor dem Servieren zubereiten und in den Kühlschrank stellen.

Wirsing-Kasseler-Salat

Mit Knusperspeck

Zubereitungszeit: 60 Minuten, ohne Abkühl- und Durchziehzeit
Garzeit: 45–60 Minuten
12 Portionen

1 ½ kg Kasseler Kotelettstück (ohne Knochen)
3 EL Speiseöl, z. B. Rapsöl

1 ¼ kg Wirsing
Salzwasser
600 g Schalotten

1 EL Speiseöl, z. B. Rapsöl
50 g Zucker
100 ml Wasser

Für das Balsamico-Dressing:
6 EL Crema di Balsamico
150 ml Balsamico-Essig
Salz
gem. Pfeffer
200 ml Nussöl, z. B. Walnussöl

200 g gehackte Nusskerne (z. B. Erdnüsse, Walnüsse oder Haselnüsse)
600 g magerer Schinkenspeck in dünnen Scheiben
2 EL rosa Pfefferbeeren

01 Den Backofen vorheizen.
Ober-/Unterhitze: etwa 180 °C
Heißluft: etwa 160 °C

02 Kasseler mit Küchenpapier trocken tupfen. Das Speiseöl in einem Bräter erhitzen. Das Kasseler darin rundherum anbraten. Den Bräter auf dem Rost im unteren Drittel in den vorgeheizten Backofen schieben. Kasseler **45–60 Minuten garen.** Dann das Fleisch erkalten lassen.

03 Wirsing putzen, vierteln und den Strunk herausschneiden. Den Wirsing abspülen und abtropfen lassen. Wirsing in schmale Streifen schneiden. Salzwasser in einem großen Topf erhitzen. Die Wirsingstreifen darin portionsweise kurz blanchieren, dann mit kaltem Wasser abschrecken und abtropfen lassen.

04 Schalotten abziehen. Salzwasser in einem großen Topf zum Kochen bringen. Die Schalotten darin etwa 5 Minuten garen, dann in einem Sieb abtropfen lassen.

05 Das Speiseöl in einer großen Pfanne erhitzen. Die Schalotten darin anbraten. Den Zucker daraufstreuen und die Schalotten karamellisieren. Wasser unterrühren und in etwa 2 Minuten verkochen lassen. Die Schalotten aus der Pfanne nehmen.

06 Das Fleisch zunächst in Scheiben, dann in Streifen schneiden.

07 Für das Balsamico-Dressing Crema di Balsamico mit Balsamico-Essig verrühren, mit Salz und Pfeffer würzen. Das Nussöl unterschlagen. Das Dressing mit Kasseler, Wirsing, Schalotten und Nusskernen in einer großen Schüssel vermischen. Den Salat zugedeckt etwa 1 Stunde im Kühlschrank durchziehen lassen.

08 Inzwischen den Schinkenspeck in kleinere Scheiben schneiden und in einer großen Pfanne ohne weiteres Fett kross braten. Die Schinkenstücke auf Küchenpapier abtropfen lassen. Zum Servieren den Salat durchmischen, abschmecken und mit rosa Pfefferbeeren bestreuen. Den Knusperspeck dazureichen.

Pro Portion: E: 39 g, F: 42 g, Kh: 19 g, kJ: 2543, kcal: 606, BE: 1,5

Tipp zum Vorbereiten

* Fleisch, Bulgur und Chutney können auch am Vortag zubereitet und im Kühlschrank zugedeckt aufbewahrt werden. Dann braucht der Salat nur noch gemischt werden zum Durchziehen.

Kalbfleisch-Bulgur-Salat mit Chutney

Dauert länger

Zubereitungszeit: 80 Minuten, ohne Abkühl- und Durchziehzeit
Garzeit: etwa 75 Minuten
12 Portionen

1 ½ kg Kalbfleisch aus der Keule
4 EL Speiseöl, z. B. Rapsöl
Salz
gem. Pfeffer

Für das Chutney:
2 kg Fleischtomaten
12 Schalotten (etwa 360 g)
100 g Ingwer
5–6 Stängel Minze
2 EL Speiseöl, z. B. Rapsöl
100 g Zucker
2 getrocknete Chilischoten
2 EL abgetropfte grüne Pfefferkörner (in Lake)
60 g flüssiger Honig

01 Den Backofen vorheizen.
Ober-/Unterhitze: etwa 180 °C
Heißluft: etwa 160 °C

02 Das Fleisch mit Küchenpapier trocken tupfen. Das Speiseöl in einem Bräter erhitzen. Das Fleisch mit Salz und Pfeffer würzen, in dem Bräter rundherum gut anbraten.

03 Den Bräter auf dem Rost im unteren Drittel in den vorgeheizten Backofen schieben. Den Kalbsbraten **etwa 75 Minuten garen.** Dabei den Braten 2–3-mal wenden und mit dem entstandenen Bratensatz begießen. Den garen Braten erkalten lassen.

04 Für das Chutney die Tomaten kreuzweise einschneiden und mit kochendem Wasser übergießen. Nach 1–2 Minuten herausnehmen und mit kaltem Wasser abschrecken. Tomaten enthäuten, halbieren und die Stängelansätze herausschneiden. Die Tomaten fein würfeln.

05 Schalotten abziehen und würfeln. Ingwer schälen und ebenfalls fein würfeln. Minze abspülen, trocken tupfen, die Blättchen von den Stängeln zupfen. Einige Blättchen zum Garnieren beiseitelegen. Die restlichen Blättchen fein hacken.

06 Das Speiseöl in einem Topf erhitzen. Schalotten und Ingwer darin leicht anbraten, mit Zucker bestreuen und karamellisieren lassen. Die Tomatenwürfel unterrühren. Chilischoten fein zerbröseln, mit Pfefferkörnern, Honig und Minze unterrühren. Das Chutney mit Salz und Pfeffer würzen, unter Rühren etwa 5 Minuten kochen, dann erkalten lassen.

07 Inzwischen Bulgur nach Packungsanleitung zubereiten, in ein Sieb gießen, mit kaltem Wasser abspülen und abtropfen lassen. Bulgur mit Chutney in einer großen Schüssel mischen. Salat etwa 1 Stunde zugedeckt im Kühlschrank durchziehen lassen.

08 Den Braten in kleine, mundgerechte Scheiben schneiden, zum Salat geben. Den Salat nochmals durchmischen und abschmecken, mit den beiseitegelegten Minzeblättchen garniert servieren.

Pro Portion: E: 32 g, F: 3 g, Kh: 47 g, kJ: 1475, kcal: 352, BE: 3,5

Spargelsalat mit Hähnchen und Himbeeren

Für den besonderen Anlass

Zubereitungszeit: 75 Minuten
12 Portionen

Tipps zum Vorbereiten

* Sie können die Spargelstücke am Vortag kochen und die Hähnchenwürfel am Vortag braten und in den Kühlschrank gestellt, bis zum Zubereiten des Salates aufbewahren.

* Auch die Pinienkerne lassen sich bereits am Vortag anrösten.

1 ¼ kg weißer Spargel
1 ¼ kg grüner Spargel
Salzwasser

1 ¼ kg Hähnchenbrustfilets
3 EL Speiseöl, z. B. Rapsöl
Salz
gem. Pfeffer

120 g Pinienkerne

Für die Salatsauce:
3 EL Sojasauce
150 ml Himbeer-Essig
100 ml Apfelsaft
150 ml Kürbiskernöl

etwa 300 g g Römersalatherzen
etwa 300 g Lollo Biondo
300 g Rucola (Rauke)
500 g Himbeeren

01 Den weißen Spargel von oben nach unten schälen. Darauf achten, dass die Schalen vollständig entfernt, die Köpfe aber nicht verletzt werden. Die unteren Enden abschneiden (holzige Stellen vollkommen entfernen). Von dem grünen Spargel nur das untere Drittel schälen und die Enden abschneiden. Spargel abspülen, abtropfen lassen und in mundgerechte Stücke schneiden.

02 Salzwasser in einem großen Topf zum Kochen bringen. Die weißen Spargelstücke hinzugeben, wieder zum Kochen bringen und etwa 5 Minuten kochen lassen. Dann die grünen Spargelstücke hinzugeben, zum Kochen bringen und weitere etwa 7 Minuten kochen. Die Spargelstücke in einem Sieb abtropfen lassen.

03 Die Hähnchenfilets unter fließendem kalten Wasser abspülen, trocken tupfen und in kleine Würfel schneiden. Das Speiseöl in einer großen Pfanne erhitzen. Die Hähnchenwürfel evtl. in 2 Portionen darin unter Rühren gut anbraten und in etwa 5 Minuten gar braten, mit Salz und Pfeffer würzen, aus der Pfanne nehmen.

04 Die Pinienkerne in einer Pfanne ohne Fett unter Wenden anrösten, dann aus der Pfanne nehmen.

05 Für die Salatsauce Sojasauce mit Himbeer-Essig und Apfelsaft verrühren, mit Salz und Pfeffer würzen. Das Kürbiskernöl unterschlagen. Spargelstücke mit Hähnchenwürfeln und Salatsauce vermischen, zugedeckt etwa 30 Minuten durchziehen lassen.

06 In der Zwischenzeit Salate putzen. Rucola verlesen und dicke Stängel abschneiden. Salatblätter vorsichtig waschen und abtropfen lassen oder trocken schleudern, in mundgerechte Stücke zupfen. Die Himbeeren verlesen, kurz abspülen und auf Küchenpapier abtropfen lassen.

07 Zum Servieren die Blattsalate auf einer großen Platte als Salatbett auslegen und die Spargel-Hähnchen-Mischung mit den Himbeeren darauf verteilen. Den Salat mit den Pinienkernen bestreuen und servieren.

Pro Portion: E: 32 g, F: 20 g, Kh: 9 g, kJ: 1472, kcal: 352, BE: 0,5

Türkischer Reisnudelsalat

Etwas teurer

Zubereitungszeit: 60 Minuten, ohne Abkühl- und Durchziehzeit
12 Portionen

Tipps zum Vorbereiten

* Der Salat kann bis auf Punkt 2 und 3 gut am Vortag zubereitet werden und zugedeckt im Kühlschrank durchziehen.

* Etwa 30 Minuten vor dem Servieren den vorbereiteten Salat aus dem Kühlschrank nehmen, das Lammfleisch und die Pinienkerne, wie in den Punkten 2 und 3 beschrieben zubereiten und mit dem vorbereiteten Salat anrichten.

750 g Reisnudeln

750 g Lammfilet
Salz
gem. Pfeffer
4–5 EL Olivenöl

90 g Pinienkerne
750 g gelbe Spitzpaprikaschoten
500 g Zucchini
2 Bund Frühlingszwiebeln
2 Bund glatte Petersilie

Für die Sauce:
125 ml Zitronensaft
etwas Pul Biber (geschrotete Pfefferschoten)
gem. Kreuzkümmel
150 ml Olivenöl

01 Die Reisnudeln nach Packungsanleitung bissfest garen, in ein Sieb geben, mit kaltem Wasser abspülen und abtropfen lassen.

02 In der Zwischenzeit die Lammfilets mit Küchenpapier trocken tupfen, mit Salz und Pfeffer würzen. Das Olivenöl in einer großen Pfanne erhitzen. Die Filets darin unter Wenden etwa 10 Minuten braten. Die Filets aus der Pfanne nehmen, in Alufolie einwickeln und ruhen lassen.

03 Die Pinienkerne in einer Pfanne ohne Fett unter gelegentlichem Rühren anrösten. Die Pinienkerne auf einen Teller geben.

04 Spitzpaprikaschoten halbieren, entstielen, entkernen und die weißen Scheidewände entfernen. Schoten abspülen, abtropfen lassen und in dünne, halbe Ringe schneiden. Zucchini abspülen, abtrocknen und die Enden abschneiden. Zucchini fein würfeln.

05 Frühlingszwiebeln putzen, abspülen, abtropfen lassen und in feine Scheiben schneiden. Petersilie abspülen, trocken tupfen, die Blättchen von den Stängeln zupfen und fein hacken.

06 Reisnudeln, Paprika, Zucchini, Frühlingszwiebeln und Petersilie in eine große Schüssel geben.

07 Für die Sauce Zitronensaft mit Salz, Pfeffer, Pul Biber und Kreuzkümmel verrühren. Das Olivenöl unterschlagen. Die Sauce mit den Salatzutaten vermengen und den Salat nochmals abschmecken. Lammfilet in Würfel oder Scheiben schneiden, mit den Pinienkernen dazugeben und den Salat servieren.

Beilage: Dazu aufgebackenes Pide-Brot servieren.

Tipp: Reisnudeln sind kleine, reisförmige Nudeln. In Griechenland heißen sie Kritharaki und in der Türkei Arpa Sehriye.

Pro Portion: E: 21 g, F: 20 g, Kh: 61 g, kJ: 2108, kcal: 503, BE: 5,0

Pikanter Fenchelsalat

Mediterraner Genuss

Zubereitungszeit: 90 Minuten, ohne Durchziehzeit
12 Portionen

Tipp zum Vorbereiten

* Bereits am Vortag können Sie den Salat bis einschließlich Punkt 5 zubereiten und zugedeckt in den Kühlschrank stellen.

etwa 2 ½ kg Hähnchenbrustfilets
6 EL Olivenöl

8–9 Fenchelknollen (etwa 2 ½ kg)
300 g getrocknete Soft-Tomaten

Für das Dressing:
2 Töpfe Basilikum
1 Knoblauchknolle
200 ml weißer Balsamico-Essig
Salz
gem. Pfeffer
Zucker
200 ml Olivenöl

350 g abgetropfte, entsteinte schwarze Oliven (aus dem Glas)
350 g abgetropfte, entsteinte grüne Oliven (aus dem Glas)

360 g abgetropfte Kapernäpfel (aus dem Glas)
30 g Weizenmehl
30 g Butter

01 Die Hähnchenbrustfilets unter fließendem kalten Wasser abspülen und mit Küchenpapier trocken tupfen. Die Hähnchenfilets in mundgerechte Stücke schneiden.

02 Die Hälfte des Olivenöls in einer großen Pfanne erhitzen. Die Hälfte der Hähnchenstücke darin unter Rühren gut anbraten und in 5–10 Minuten gar braten. Die Hähnchenstücke mit Salz und Pfeffer würzen und aus der Pfanne nehmen. Die restlichen Hähnchenstücke im restlichen Olivenöl auf die gleiche Weise braten und aus der Pfanne nehmen.

03 Die Fenchelknollen putzen, abspülen, abtropfen lassen, halbieren und in dünne Streifen schneiden oder hobeln. Tomaten in Streifen schneiden.

04 Für das Dressing Basilikum abspülen, trocken tupfen und die Blättchen von den Stängeln zupfen. Einige Blättchen zum Garnieren beiseitelegen. Restliche Blättchen fein schneiden. Knoblauchknolle zerteilen. Knoblauch abziehen und durch eine Knoblauchpresse drücken. Essig mit Knoblauch und Basilikum verrühren, mit Salz, Pfeffer und Zucker würzen. Das Olivenöl unterschlagen.

05 Die Fenchelstreifen mit den schwarzen und grünen Oliven, den Tomatenstreifen und den gebratenen Hähnchenstücken mischen. Das Dressing daraufgeben und gut untermischen. Den Salat zugedeckt etwa 1 Stunde im Kühlschrank durchziehen lassen.

06 Kurz vor dem Servieren des Salates die Kapernäpfel auf Küchenpapier legen, evtl. trocken tupfen. Das Mehl auf einen Teller geben und die Kapernäpfel darin wälzen. Die Butter in einer großen Pfanne zerlassen. Die mehlierten Kapernäpfel darin unter Wenden in 10–15 Minuten knusprig braten.

07 Den Salat nochmals durchmischen, abschmecken, mit den beiseitegelegten Basilikumblättern garnieren und mit den warmen Kapernäpfeln servieren.

Beilage: Ciabatta.

Tipp: Den Salat zusätzlich mit etwas von dem Fenchelgrün garniert servieren.

Pro Portion: E: 54 g, F: 33 g, Kh: 20 g, kJ: 2514, kcal: 600, BE: 1,5

Tipp zum Vorbereiten

* Sie können den Salat am Vortag zubereiten und zugedeckt in den Kühlschrank stellen.

Möhren-Ingwer-Salat mit Hähnchen

Perfekt zur Sommerparty

Zubereitungszeit: 80 Minuten, ohne Durchziehzeit
12 Portionen

1 ½ kg Hähnchenbrustfilet
Salz
gem. Pfeffer
4 EL Speiseöl, z.B. Rapsöl

500 g Instant-Couscous

1 kg dicke Möhren
Salzwasser
4 Bund Frühlingszwiebeln (etwa 800 g)

70 g Ingwer
6–8 Stängel Minze
etwa 75 ml Limettensaft
100 ml weißer Balsamico-Essig
½ TL Zucker
250 ml Nussöl

01 Die Hähnchenbrustfilets unter fließendem kalten Wasser abspülen und mit Küchenpapier trocken tupfen. Die Hähnchenfilets in mundgerechte Stücke schneiden, mit Salz und Pfeffer würzen

02 Das Speiseöl in einer großen Pfanne erhitzen. Die Hähnchenstücke darin evtl. portionsweise unter Rühren gut anbraten und in etwa 10 Minuten gar braten, dann aus der Pfanne nehmen.

03 Couscous nach Packungsanleitung zubereiten.

04 Möhren putzen, schälen, abspülen und abtropfen lassen. Salzwasser in einem großen Topf zum Kochen bringen und die Möhren darin etwa 10 Minuten garen. Dann die Möhren aus dem Topf nehmen, mit kaltem Wasser abschrecken und abtropfen lassen.

05 Die Frühlingszwiebeln putzen, etwa ein Drittel des dunklen Grüns abschneiden. Die Zwiebeln abspülen, abtropfen lassen und in etwa 2 cm lange Stücke schneiden.

06 Ingwer schälen und fein würfeln. Minze abspülen, trocken tupfen und die Blättchen von den Stängeln zupfen. Einige Blättchen zum Garnieren beiseitelegen. Die restlichen Blättchen fein hacken.

07 Die Möhren längs halbieren und in dünne Scheiben schneiden. Couscous auflockern und mit den Möhrenscheiben, den Hähnchenstücken und den Frühlingszwiebelstücken in einer großen Schüssel vermischen.

08 Limettensaft mit Balsamico-Essig, Ingwer und Minze verrühren, mit Salz, Pfeffer und Zucker würzen. Nussöl unterschlagen. Die Salatsauce mit den restlichen Salatzutaten gut vermischen. Den Salat zugedeckt im Kühlschrank etwa 1 Stunde durchziehen lassen.

09 Zum Servieren den Salat nochmals durchmischen, abschmecken und mit den beiseitegelegten Minzeblättchen garniert servieren.

Pro Portion: E: 35 g, F: 24 g, Kh: 41 g, kJ: 2210, kcal: 528, BE: 3,0

Tipp zum Vorbereiten

* Sie können den Salat bereits am Vortag zubereiten und zugedeckt im Kühlschrank durchziehen lassen. Oder Sie garen zumindest schon mal die Hähnchenbrustfilets. Die abgetropften und erkalteten Hähnchenbrustfilets dann zugedeckt in den Kühlschrank stellen.

Vietnamesischer Hühnersalat – Goi Ga

Schmeckt nach Urlaub

Zubereitungszeit: 70 Minuten, ohne Durchziehzeit
12 Portionen

Salzwasser
2 kg Hähnchenbrustfilets

1 kg Weißkohl
500 g Möhren
je 3 milde, rote und grüne Peperoni (200 g)
500 g Zwiebeln
120 g Ingwer
1 Topf Thai-Basilikum oder Basilikum
100 g Erdnusskerne

Für die Salatsauce:
150 ml Weißweinessig
75 ml Gemüsebrühe
Salz
gem. Pfeffer
1–2 gestr. EL Zucker
1 TL Asia-Gewürzmischung
150 ml Erdnussöl

01 Salzwasser in einem großen Topf zum Kochen bringen. Die Hähnchenbrustfilets unter fließendem kalten Wasser abspülen und in das kochende Salzwasser geben. Die Hähnchenbrustfilets je nach Größe 15–20 Minuten in dem leicht siedenden Salzwasser garen, dann abtropfen und erkalten lassen.

02 In der Zwischenzeit Weißkohl von den äußeren Blättern befreien. Kohl achteln und den Strunk herausschneiden. Kohl abspülen, abtropfen lassen und in feine Streifen schneiden oder hobeln.

03 Möhren putzen, schälen, abtropfen lassen und in Scheiben hobeln. Die Peperoni halbieren, entstielen, entkernen und die Scheidewände entfernen. Peperonihälften abspülen, abtropfen lassen und in feine Streifen schneiden.

04 Zwiebeln abziehen, halbieren und in Scheiben schneiden. Den Ingwer schälen und fein würfeln.

05 Basilikum abspülen, trocken tupfen und die Blättchen von den Stängeln zupfen, einige Blättchen zum Garnieren beiseitelegen. Restliche Blättchen grob hacken.

06 Das Hähnchenfleisch in kleine Stücke schneiden, mit Weißkohlstreifen, Möhrenscheiben, Peperoni, Zwiebeln, Ingwer, Erdnusskernen und Basilikum in einer großen Schüssel vermischen.

07 Für die Salatsauce Essig mit Gemüsebrühe verrühren, mit Salz, Pfeffer, Zucker und Gewürzmischung würzen. Das Erdnussöl unterschlagen. Die Salatsauce mit den restlichen Zutaten vermischen. Den Salat zugedeckt im Kühlschrank mindestens 1 Stunde durchziehen lassen.

08 Zum Servieren den Salat nochmals durchmischen und abschmecken. Den Salat mit den beiseitegelegten Basilikumblättchen garnieren und servieren.

Tipps: Wer mag, kann die Salatsauce zusätzlich mit etwa 200 g Mayonnaise zubereiten. Gebackene Kroepoek (ausgebackenes Krabbenbrot) zum Salat reichen.

Pro Portion: E: 44 g, F: 18 g, Kh: 11 g, kJ: 1615, kcal: 386, BE: 1,0

Tipp zum Vorbereiten

* Die Hackbällchen können Sie bereits am Vortag zubereiten und braten. Die erkalteten Hackbällchen dann zugedeckt in den Kühlschrank stellen.

Bohnensalat mit Hackbällchen und Zaziki

Beliebt

Zubereitungszeit: 90 Minuten, ohne Abkühlzeit
12 Portionen

Für die Hackbällchen:
3 Brötchen (Semmeln) vom Vortag
3 Zwiebeln
250 g Feta-Käse
1 kg Gehacktes (halb Rind-, halb Schweinefleisch)
3 Eier (Größe M)
Salz
gem. Pfeffer
¼ TL gem. Zimt
5 EL Olivenöl

1½ kg grüne Bohnen (Stangenbohnen)
Salzwasser

Für das Dressing:
1 kg Zaziki (aus dem Kühlregal oder aus der Feinkost-Salattheke)
225 ml Gemüsebrühe
6 EL Olivenöl
Cayennepfeffer

etwa 18 eingelegte milde, grüne Peperoni (aus dem Glas)
300 g schwarze Oliven, mit Stein
6 rote Zwiebeln
3 große, gelbe Paprikaschoten
2 kg Fleischtomaten
720 g abgetropfte große, weiße Bohnenkerne (aus der Dose)

evtl. Basilikumblättchen
evtl. einige Stängel Thymian und Rosmarin

01 Für die Hackbällchen die Brötchen in kaltem Wasser einweichen. Zwiebeln abziehen und klein würfeln. Feta-Käse in kleine Würfel schneiden. Gehacktes in eine große Schüssel geben. Die Brötchen gut ausdrücken, mit den Eiern hinzufügen und gut untermengen. Die Masse mit Salz, Pfeffer und Zimt würzen. Die Käsewürfel kurz unterkneten. Aus der Hackfleischmasse mit angefeuchteten Händen kleine Bällchen formen.

02 Olivenöl in einer großen Pfanne erhitzen. Die Hackbällchen darin portionsweise rundherum knusprig braun braten, herausnehmen und erkalten lassen.

03 Bohnen putzen, evtl. abfädeln, abspülen, abtropfen lassen, in etwa 2 cm lange Stücke schneiden. Salzwasser in einem großen Topf zum Kochen bringen. Die Bohnenstücke darin portionsweise etwa 6 Minuten kochen, in ein Sieb geben, mit kaltem Wasser abschrecken und gut abtropfen lassen.

04 Für das Dressing Zaziki mit Brühe und Olivenöl verrühren, mit Salz und Cayennepfeffer abschmecken.

05 Peperoni und Oliven abtropfen lassen. Zwiebeln abziehen, zuerst in dünne Scheiben schneiden, dann in Ringe teilen. Paprikaschoten halbieren, entstielen, entkernen und die weißen Scheidewände entfernen. Schotenhälften abspülen, abtropfen lassen und in schmale Streifen schneiden. Tomaten abspülen, abtrocknen, halbieren und die Stängelansätze herausschneiden. Tomatenhälften grob würfeln.

06 Bohnenstücke, Bohnenkerne, Tomatenwürfel, Peperoni, Oliven, Zwiebelringe und Paprikastreifen auf einer großen Platte anrichten. Das Dressing daraufträufeln. Die Hackbällchen darauf verteilen. Oder die Salatzutaten mischen, in Portionsschalen mit dem Dressing und den Hackbällchen anrichten. Nach Belieben den Salat mit abgespülten und trocken getupften Basilikumblättchen, Thymian- und Rosmarinstängel garnieren.

Pro Portion: E: 35 g, F: 43 g, Kh: 41 g, kJ: 2899, kcal: 692, BE: 3,0

142

Tipps zum Vorbereiten

* Für den Salat können Sie das Hähnchenfleisch und den Rotkohl bis einschließlich Punkt 3 am Vortag vorbereiten und getrennt zugedeckt in den Kühlschrank stellen.

* Oder den Salat 2–3 Stunden vor den Servieren zubereiten und im Kühlschrank durchziehen lassen.

Rotkohlsalat mit Aprikosen und Hähnchenwürfeln

Fruchtig - pikant

Zubereitungszeit: 75 Minuten, ohne Durchziehzeit
12 Portionen

2 kg Hähnchenbrustfilets
Salz
gem. Pfeffer
3 EL Speiseöl, z. B. Rapsöl

Salzwasser
1 ½ kg Rotkohl

1,9 kg abgetropfte Aprikosenhälften (aus Dosen)

Für das Dressing:
100 ml Himbeer-Essig
100 ml Aprikosensaft (aus der Dose)
100 ml süßsaure Sauce
100 ml Speiseöl, z. B. Rapsöl

600 g Frühstücksspeck in dünnen Scheiben(Bacon)

01 Hähnchenbrustfilets unter fließendem kalten Wasser abspülen, trocken tupfen und in kleine Würfel schneiden. Die Hähnchenwürfel mit Salz und Pfeffer würzen. Das Speiseöl in einer großen Pfanne erhitzen. Die Hähnchenwürfel in 2 Portionen darin anbraten und in jeweils etwa 5 Minuten unter gelegentlichem Rühren gar braten und aus der Pfanne nehmen.

02 Salzwasser in einem großen Topf zum Kochen bringen. Den Rotkohl von den äußeren Blättern befreien. Kohl achteln und den Strunk herausschneiden. Kohl abspülen, abtropfen lassen und fein schneiden oder hobeln.

03 Den Rotkohl in dem kochendem Salzwasser etwa 10 Minuten garen. Dann den Rotkohl in ein Sieb geben, mit kaltem Wasser abspülen und abtropfen lassen.

04 Aprikosenhälften in einem Sieb abtropfen lassen, dabei den Saft auffangen. 100 ml vom Saft abmessen und für das Salatdressing beiseitestellen. Die Früchte in kleine Stücke schneiden.

05 Für das Dressing Essig mit Fruchtsaft und süßsaurer Sauce verrühren, mit Salz und Pfeffer würzen. Das Speiseöl unterschlagen.

06 Das Hähnchenfleisch mit Rotkohl, Fruchtstücken und Dressing vermischen. Den Salat zugedeckt im Kühlschrank mindestens 1 Stunde durchziehen lassen.

07 Inzwischen die Speckscheiben in je 6 Stücke schneiden und in einer Pfanne ohne weitere Fettzugabe knusprig ausbraten. Die Speckstücke auf Küchenpapier abtropfen lassen.

08 Zum Servieren den Salat nochmals durchmischen, abschmecken und mit den Speckstücken reichen.

Tipp: Der Salat ist auch mit Pfirsichen aus der Dose statt der Aprikosen sehr lecker.

Pro Portion: E: 50 g, F: 27 g, Kh: 31 g, kJ: 2426, kcal: 583, BE: 2,5

Tipp zum Vorbereiten

* Der Salat kann bis einschließlich Punkt 5 bereits am Vortag zubereitet werden und im Kühlschrank zugedeckt über Nacht durchziehen.

Linsensalat mit Wiener Würstchen und Käsewürfeln

Einfach und preiswert

Zubereitungszeit: 60 Minuten, ohne Abkühl- und Durchziehzeit
Garzeit: etwa 45 Minuten
12 Portionen

2 Zwiebeln
500 g Tellerlinsen
2 Lorbeerblätter
3 l Gemüsebrühe
6 Wiener Würstchen (600 g)
2 Bund Frühlingszwiebeln

Für die Marinade:
2 EL süßer Senf
100 ml Kräuteressig
150–200 ml heiße Gemüsebrühe
Salz
gem. Pfeffer
Zucker
100 ml Speiseöl, z. B. Olivenöl

400 g Schnittkäse (z. B. Maasdamer oder Emmentaler)

01 Die Zwiebeln abziehen, mit den Linsen und den Lorbeerblättern in der Gemüsebrühe zum Kochen bringen. Die Linsen nach Packungsanleitung in etwa 45 Minuten knapp gar kochen.

02 Die Linsen in einem Sieb abtropfen lassen. Die Lorbeerblätter und Zwiebeln entfernen. Die Linsen in eine große Schüssel geben.

03 Die Würstchen leicht schräg in dünne Scheiben schneiden. Frühlingszwiebeln putzen, abspülen, abtropfen lassen und in dünne Scheiben schneiden. Wurst- und Frühlingszwiebelscheiben unter die Linsen mischen.

04 Für die Marinade Senf mit Essig und Gemüsebrühe verrühren, mit Salz, Pfeffer und Zucker würzen. Das Speiseöl unterschlagen. Die Marinade mit der Linsenmischung verrühren.

05 Den Linsensalat ganz erkalten lassen und dann zugedeckt im Kühlschrank etwa 1 Stunde durchziehen lassen.

06 Den Käse in kleine Würfel schneiden. Den Salat vor dem Servieren nochmals durchmischen, mit Essig und den Gewürzen abschmecken. Die Käsewürfel unterheben.

Tipps: Der Salat wird etwas edler, wenn Sie statt der Tellerlinsen schwarze Berglinsen und statt einfachem Schnittkäse Ziegengouda verwenden. Statt mit Kräuteressig dann den Salat mit weißem Balsamico-Essig abschmecken.

Pro Portion: E: 27 g, F: 31 g, Kh: 21 g, kJ: 1969, kcal: 471, BE: 1,5

Tipp zum Vorbereiten

* Sie können den Salat bis einschließlich Punkt 6 schon etwa 5 Stunden vor dem Servieren zubereiten und zugedeckt im Kühlschrank durchziehen lassen.

Salat mit Wurzelgemüse und Schweinefilet

Bunt gemischt

Zubereitungszeit: 90 Minuten, ohne Durchziehzeit
12 Portionen

1 Steckrübe (etwa 1 ½ kg)
6 Petersilienwurzeln (etwa 1 ¼ kg)
12 Möhren (etwa 1 ½ kg)
Salzwasser
2 Bund Frühlingszwiebel (etwa 500 g)

2 Schweinefiletstücke (je etwa 600 g)
3 EL Speiseöl, z. B. Sonnenblumenöl
500 g rote Bete (vorgegart, vakuumverpackt)

Für das Dressing:
2 Bund Schnittlauch
150 ml Rotwein-Essig
1 TL gem. Kümmel
Salz
gem. Pfeffer
200 ml Traubenkernöl

01 Steckrübe, Petersilienwurzeln und Möhren putzen, schälen, abspülen und abtropfen lassen. Steckrübe halbieren, zuerst in etwa 1 cm dicke Scheiben, dann in 3–4 cm lange Stifte schneiden. Petersilienwurzeln und Möhren in knapp 1 cm dicke Scheiben schneiden.

02 Salzwasser in einem großen Topf zum Kochen bringen. Darin nacheinander die Steckrübenstifte, Petersilienwurzel- und Möhrenscheiben je etwa 5 Minuten garen, das Gemüse sollte noch bissfest sein. Das Gemüse jeweils mit einer Schaumkelle aus dem Topf nehmen, mit kaltem Wasser abschrecken und abtropfen lassen.

03 Die Frühlingszwiebeln putzen, etwa ein Drittel des dunklen Grüns abschneiden. Die Zwiebeln abspülen, abtropfen lassen und in etwa 2 cm lange Stücke schneiden.

04 Die Schweinefilets mit Küchenpapier trocken tupfen, evtl. entsehnen und entfetten. Die Filets in etwa 1 cm dicke Scheiben schneiden. Das Speiseöl in einer großen Pfanne erhitzen. Die Schweinefiletscheiben darin evtl. in 2 Portionen von beiden Seiten etwa 5 Minuten braten, dann mit Salz und Pfeffer würzen und aus der Pfanne nehmen.

05 Rote Bete mit Küchenpapier trocken tupfen, je nach Größe halbieren oder vierteln und in etwa ½ cm dicke Scheiben schneiden. Die Steckrübenstifte mit den Petersilienwurzel-, Möhren- und Rote-Bete-Scheiben, den Frühlingszwiebelstücken sowie den Schweinefiletscheiben in einer großen Schüssel vermischen.

06 Für das Dressing den Schnittlauch abspülen, trocken tupfen und in Röllchen schneiden. Etwa 1 Esslöffel Schnittlauchröllchen zum Garnieren beiseitelegen. Essig mit Kümmel und Schnittlauchröllchen verrühren, mit Salz und Pfeffer würzen. Traubenkernöl unterschlagen. Das Dressing mit den Salatzutaten mischen, zugedeckt mindestens 1 Stunde im Kühlschrank durchziehen lassen.

07 Zum Servieren den Salat nochmals durchmischen, abschmecken und mit den beiseitegelegten Schnittlauchröllchen garnieren.

Pro Portion: E: 17 g, F: 27 g, Kh: 37 g, kJ: 1964, kcal: 469, BE: 2,5

Carmensalat

Einfach zu machen

Zubereitungszeit: 75 Minuten, ohne Durchziehzeit
12 Portionen

Tipp zum Vorbereiten

* Sie können den Carmensalat bereits am Vortag zubereiten und zugedeckt im Kühlschrank durchziehen lassen.

370 g Naturreis

1 ½ kg Hähnchenbrustfilets
1 kg rote Paprikaschoten
8–10 EL Speiseöl, z. B. Olivenöl
Salz
gem. Pfeffer

Salzwaser
600 g TK-Erbsen

Für das Dressing:
100 ml Estragonessig
100 ml Gemüsebrühe
3 EL mittelscharfer Senf
2 EL gehackter Estragon
½ TL Zucker
125 ml Walnussöl

01 Den Reis nach Packungsanleitung zubereiten, dann abspülen und abtropfen lassen.

02 Inzwischen die Hähnchenbrustfilets unter fließendem kalten Wasser abspülen, trocken tupfen und in etwa 1 cm große Würfel schneiden.

03 Die Paprikaschoten halbieren, entstielen, entkernen und die weißen Scheidewände entfernen. Die Schoten abspülen, abtropfen lassen und in kleine Würfel schneiden.

04 Etwa die Hälfte des Speiseöls in einer großen Pfanne erhitzen. Die Hähnchenbrustwürfel portionsweise darin anbraten, mit Salz und Pfeffer würzen. Die Hähnchenwürfel in etwa 5 Minuten unter gelegentlichem Rühren gar braten und dann aus der Pfanne nehmen. Gebratene Hähnchenwürfel in eine große Schüssel geben.

05 Das restliche Speiseöl in der Pfanne erhitzen. Die Paprikawürfel darin unter Rühren andünsten. Die Paprikawürfel aus der Pfanne zu den Hähnchenwürfeln in die Schüssel geben.

06 Das Salzwasser in einem Topf zum Kochen bringen und die Erbsen darin kurz blanchieren. Dann die Erbsen in ein Sieb geben, mit kaltem Wasser abschrecken und abtropfen lassen. Den Reis und die Erbsen ebenfalls zu den Hähnchen- und Paprikawürfeln in die große Schüssel geben, alles durchmischen.

07 Für das Dressing Essig mit Gemüsebrühe, Senf und Estragon verrühren, mit Salz, Pfeffer und Zucker würzen. Das Walnussöl unterschlagen. Das Dressing unter den Salat mischen und den Salat mindestens 15 Minuten durchziehen lassen.

08 Zum Servieren den Salat nochmals durchmischen, mit Essig, Salz und Pfeffer abschmecken.

Pro Portion: E: 36 g, F: 20 g, Kh: 34 g, kJ: 1957, kcal: 466, BE: 3,0

Tipp zum Vorbereiten

* Der Salat kann gut 2–3 Stunden vor dem Verzehr zubereitet werden und zugedeckt im Kühlschrank auf das Servieren warten.

Bauernsalat mit Scarmoza

Schnelle bunte Mischung

Zubereitungszeit: 45 Minuten, ohne Durchziehzeit
12 Portionen

3 Gemüsezwiebeln
150 ml heiße Gemüsebrühe
6 Paprikaschoten
1 kg Fleischwurst
750 g geräucherter Scarmoza
450 g abgetropfte Senfgurken (aus dem Glas)

Für die Salatsauce:
100 ml Essig
100 ml Senfgurkenflüssigkeit (aus dem Glas)
3 TL milder Senf
Salz
gem. Pfeffer
Zucker
gerebelter Oregano
125 ml Olivenöl

01 Zwiebeln abziehen und in dünne Scheiben schneiden. Die Zwiebelscheiben mit der heißen Gemüsebrühe übergießen.

02 Die Paprikaschoten halbieren, entstielen, entkernen und die weißen Scheidewände entfernen. Die Schoten abspülen, abtropfen lassen und in feine Streifen schneiden.

03 Die Fleischwurst enthäuten und in dünne Scheiben oder in Streifen schneiden. Käse in kleine Würfel schneiden. Die Senfgurken in Streifen schneiden.

04 Für die Salatsauce Essig mit Gurkenflüssigkeit und Senf verrühren, mit Salz, Pfeffer, Zucker und Oregano abschmecken. Das Olivenöl unterschlagen. Die Salatsauce mit den Salatzutaten vermischen. Den Salat zugedeckt etwa 1 Stunde im Kühlschrank durchziehen lassen.

05 Zum Servieren den Salat nochmals durchmischen und abschmecken.

Tipps: Scarmoza ist ein birnenförmiger Schnittkäse, der mit dem Mozzarella und dem Provolone verwandt ist. Sollten Sie diese Käsesorte nicht bekommen, dann verwenden Sie einen anderen geräucherten Schnittkäse.
Statt der Fleischwurst schmeckt auch Schweinebratenaufschnitt im Salat.

Pro Portion: E: 28 g, F: 49 g, Kh: 9 g, kJ: 2451, kcal: 585, BE: 0,5

152

Tipp zum Vorbereiten

* Die Kartoffeln bereits am Vortag kochen und erkalten lassen. Den Salat dann bis einschließlich Punkt 3 zubereiten und zugedeckt über Nacht in den Kühlschrank stellen.

Italienischer Salat mit Salami

Einfach zu machen

Zubereitungszeit: 50 Minuten, ohne Abkühl- und Durchziehzeit
Garzeit: 25–35 Minuten
12 Portionen

2 ¼ kg festkochende kleine Kartoffeln
2 TL Salz

Für das Salatdressing:
375 ml heiße Gemüsebrühe
etwa 180 ml Zitronensaft
75 g TK-Italienische Kräuter
etwa 200 ml Olivenöl
Salz
gem. Pfeffer

1050 g abgetropfte grüne Bohnen (aus dem Glas)
750 g abgetropfte weiße Bohnen (aus dem Glas)

6 rote Zwiebeln
6 Fleischtomaten
450 g Salami in Scheiben
Zitronensaft

01 Die Kartoffeln gründlich waschen, evtl. abbürsten und knapp mit Wasser bedeckt zum Kochen bringen. Salz hinzugeben. Die Kartoffeln zugedeckt in 25–35 Minuten gar kochen und abgießen. Die Kartoffeln abdämpfen und dann abkühlen lassen.

02 Die Kartoffeln pellen, vierteln, in Stücke schneiden und in eine große Salatschüssel geben.

03 Für das Salatdressing Brühe mit Zitronensaft und Kräutern verrühren. Das Olivenöl unterschlagen. Das Dressing mit Salz und Pfeffer würzen, zu den Kartoffelstücken geben und gut untermischen. Die Bohnen unterheben. Den Salat etwa 10 Minuten durchziehen lassen.

04 In der Zwischenzeit Zwiebeln abziehen, halbieren und in Scheiben schneiden. Tomaten abspülen, trocken tupfen, vierteln und die Stängelansätze herausschneiden. Tomaten in Stücke schneiden.

05 Salami in kleine Stücke schneiden. Zwiebelringe, Tomaten- und Salamistücke unter den Kartoffelsalat heben. Salat mit Salz, Pfeffer und Zitronensaft abschmecken und servieren.

Tipps: Fertig gekauften Kartoffelsalat können Sie ebenfalls im Handumdrehen in diesen leckeren, italienisch angehauchten Salat verwandeln. Dafür etwa 2 ½ kg Kartoffelsalat mit Essig-Öl-Dressing (aus dem Kühlregal) mit den abgetropften Bohnen und den TK-Kräutern oder 6 Esslöffeln Pesto (aus einem Glas) mischen. Dann Zwiebelringe, Tomaten- und Salamistücke unterheben. Salat nochmals abschmecken. Etwas Zitronensaft gibt dem Salat eine fein fruchtige und frische Note.

Pro Portion: E: 17 g, F: 27 g, Kh: 37 g, kJ: 1964, kcal: 469, BE: 2,5

Tipps zum Vorbereiten

* Den Braten können Sie schon am Vortag zubereiten. Den erkalteten Braten zugedeckt bis zum nächsten Tag in den Kühlschrank stellen.

* Der Salat kann bis etwa 3 Stunden vor dem Servieren zubereitet werden und im Kühlschrank durchziehen.

Salat vom Schweinebraten

Einfach zu machen

Zubereitungszeit: 50 Minuten, ohne Abkühlzeit
Garzeit: etwa 60 Minuten
12 Portionen

1 ¾ kg Schweinekarree (Kotelettstück ohne Knochen)
Salz
gem. Pfeffer
3 EL Speiseöl, z. B. Rapsöl

6 Gemüsezwiebeln (etwa 1 ¼ kg)
6 Fleischtomaten (etwa 1 ½ kg)
etwa 1 kg abgetropfte Mixed Pickles (aus dem Glas)

Für die Salatmarinade:
125 ml Essig
250 ml Tomatenketchup
250 ml Rapsöl

01 Den Backofen vorheizen.
Ober-/Unterhitze: etwa 180 °C
Heißluft: etwa 160 °C

02 Das Fleisch mit Küchenpapier trocken tupfen, rundherum mit Salz und Pfeffer bestreuen. Das Speiseöl in einem Bräter erhitzen. Das Fleisch darin rundherum anbraten. Den Bräter auf dem Rost im unteren Drittel in den vorgeheizten Backofen schieben. Den Schweinebraten **etwa 60 Minuten garen.** Dann den Braten aus dem Bräter nehmen und erkalten lassen.

03 Gemüsezwiebeln abziehen, zunächst halbieren und dann in schmale Streifen schneiden oder hobeln. Tomaten abspülen, abtrocknen, halbieren und die Stängelansätze herausschneiden. Die Tomaten evtl. entkernen und dann in kleine Stücke schneiden.

04 Große Mixed-Pickles-Stücke (z. B. Cornichons und Blumenkohlstücke) kleiner schneiden. Den Schweinebraten zuerst in längliche Stücke, dann in dünne Scheiben schneiden.

05 Schweinebratenscheiben, Gemüsezwiebelstreifen, Tomatenstücke und Mixed Pickles in eine große Schüssel geben und mischen.

06 Für die Salatmarinade Essig mit Ketchup verrühren, mit Salz und Pfeffer würzen, das Rapsöl unterschlagen. Die Marinade mit den Salatzutaten in der Schüssel mischen. Den Salat zugedeckt etwa 1 Stunde im Kühlschrank durchziehen lassen.

07 Zum Servieren den Salat nochmals durchmischen, mit Salz und Pfeffer abschmecken.

Beilage: Dazu frisches Kümmelbrot reichen.

Pro Portion: E: 35 g, F: 29 g, Kh: 18 g, kJ: 2013, kcal: 480, BE: 1,0

Ratgeber

Partysalate: Frisch, knackig und sättigend – hier werden die Salate zum kulinarischen Hauptdarsteller.

Beliebt sind Salate zum einen durch ihre unbegrenzten Zutatenvariationen. Gemüse, frische Blattsalate, Käse, Fleisch, Fisch, Nudeln und Obst sind nur einige Beispiele, die miteinander kombiniert werden können. Dazu kommt die Möglichkeit Salate durch Dressings oder Salatsaucen geschmacklich zu variieren. Zum anderen sind Salate meistens gut vorzubereiten und können auch etwas länger auf einem Buffet stehen oder zu einer Außer-Haus-Party mitgenommen werden.

Hier noch einige Tipps, damit Ihnen die Salatzubereitung auch in der größeren Menge gelingt:

- Eine ausreichend große Schüssel oder ein größeres Gefäß ist wichtig, um alle vorbereiteten Zutaten locker mit der Salatsauce vermischen zu können. Haben Sie kein so großes Gefäß zur Hand, verteilen Sie die Zutaten jeweils zur Hälfte in 2 Schüsseln. Oder fragen Sie in der Nachbarschaft, ob jemand mit etwas größerem aushelfen kann.
- Die meisten Salate lassen sich gut vorbereiten und können dann in Ruhe im Kühlschrank durchziehen. Planen Sie also für die Durchziehzeit ausreichend Platz im Kühlschrank ein. Auch hier hilft vielleicht die nette Nachbarin von nebenan.
- Schmecken Sie die Salate vor dem Servieren nochmals mit den Gewürzen ab. Salate haben die Eigenschaft, während der Durchziehzeit die Gewürze in sich „aufzunehmen“. So sind Sie auf der sicheren Seite.
- Damit sich Salate zum Essen geschmacklich voll entfalten, ist es optimal, sie 20–30 Minuten vorher aus dem Kühlschrank zu nehmen. Steht der Salat aber längere Zeit auf einem Buffet, sollten sie ihm bis dahin die Zeit im Kühlschrank gönnen.
- Zum Mitnehmen sind auf jeden Fall Salate mit einer längeren Durchziehzeit ideal. In dicht verschließbare große Schüsseln oder Plastikgefäße gefüllt, kommen sie sicher beim Gastgeber an. Für Salate, die frisch gemischt am besten schmecken, verpacken Sie die vorbereiteten Salatzutaten und die Salatsauce separat.
- Hübsch anzusehen und dazu transportfähig sind kleine Weckgläser® mit Deckeln oder Schraubgläser, in welche die Salate dann portionsweise eingefüllt werden. Diese vorportionierten und verschlossenen Salate sind auch für eine Sommerparty im Freien empfehlenswert.

Abkürzungen

EL	=	Esslöffel
TL	=	Teelöffel
Msp.	=	Messerspitze
Pck.	=	Packung/Päckchen
g	=	Gramm
kg	=	Kilogramm
ml	=	Milliliter
l	=	Liter
evtl.	=	eventuell
geh.	=	gehäuft
gestr.	=	gestrichen
gem.	=	gemahlen
ger.	=	gerieben
TK	=	Tiefkühlprodukt
°C	=	Grad Celsius
Ø	=	Durchmesser

Kalorien-/ Nährwertangaben

E	=	Eiweiß
F	=	Fett
Kh	=	Kohlenhydrate
kJ	=	Kilojoule
kcal	=	Kilokalorien
BE	=	Broteinheiten

Bei den Nährwertangaben in den Rezepten handelt es sich um auf- bzw. abgerundete ganze Werte. Lediglich die Broteinheiten werden in 0,5er-Schritten mit einer Stelle nach dem Komma angegeben.

Aufgrund von ständigen Rohstoffschwankungen und/ oder Rezepturveränderungen bei Lebensmitteln kann es zu Abweichungen kommen. Die Nährwertangaben dienen daher lediglich Ihrer Orientierung und eignen sich nur bedingt für die Berechnung eines Diätplans, zum Beispiel bei Krankheiten wie Diabetes.

Bei krankheitsbedingten Diäten richten Sie sich daher bitte nach den Anweisungen Ihres Diätassistenten bzw. Ihres Arztes.

Allgemeine Hinweise zu den Rezepten

Lesen Sie bitte vor der Zubereitung – besser noch vor dem Einkauf – das Rezept einmal vollständig durch. Oft werden Arbeitsabläufe oder -zusammenhänge dann klarer.

Jedes Rezept ist für 12 Portionen berechnet.

Zutatenliste
Die Zutaten sind in der Reihenfolge ihrer Verarbeitung aufgeführt.

Arbeitsschritte
Die Arbeitsschritte sind einzeln hervorgehoben, in der Reihenfolge, in der sie von uns ausprobiert wurden.

Zubereitungszeiten
Die Zubereitungszeit ist ein Anhaltswert für die Dauer der Vorbereitung und die eigentliche Zubereitung. Längere Wartezeiten wie Kühl- oder Abkühlzeiten und Durchziehzeiten sind, sofern parallel keine weitere Tätigkeit erfolgt, nicht in der Zubereitungszeit enthalten.

Backofeneinstellung und Garzeiten
Die in den Rezepten angegebenen Gartemperaturen und Garzeiten sind Richtwerte, die je nach individueller Hitzeleistung Ihres Backofens über- oder unterschritten werden können. Die Temperaturangaben in diesem Buch beziehen sich auf Elektrobacköfen. Die Temperatureinstellungsmöglichkeiten für Gasbacköfen variieren je nach Hersteller, sodass wir keine allgemeingültigen Angaben machen können. Bitte beachten Sie deshalb bei der Einstellung des Backofens die Gebrauchsanleitung des Herstellers. Ein Backofenthermometer eignet sich dabei gut, um die Backofentemperatur im Blick zu haben.

Kapitelregister

Schnelle Salate

Kartoffel- und Nudelsalate

Vegetarische Salate

Salate mit Fleisch

Alphabetisches Register

Für Fragen, Vorschläge oder Anregungen stehen Ihnen der Verbraucherservice der Dr. Oetker Versuchsküche Telefon: 00800 71 72 73 74 Mo.–Fr. 8:00–18:00 Uhr, Sa. 9:00–15:00 Uhr (gebührenfrei in Deutschland) oder die Mitarbeiter des Dr. Oetker Verlages Telefon: +49 (0) 521 52 06 45 Mo.–Fr. 9:00–15:00 Uhr zur Verfügung.

Oder Sie schreiben uns: Dr. Oetker Verlag KG, Am Bach 11, 33602 Bielefeld.
Oder besuchen Sie uns online unter
www.oetker-verlag.de, www.facebook.com/Dr.OetkerVerlag oder www.oetker.de.

Umwelthinweis Dieses Buch und der Einband wurden auf chlorfrei gebleichtem Papier gedruckt. Die Einschrumpffolie – zum Schutz vor Verschmutzung – ist aus umweltfreundlichem und recyclingfähigem PE-Material.

Redaktion Andrea Gloß

Titelfoto Thomas Diercks, Hamburg
Innenfotos Walter Cimbal, Hamburg (S. 118)
Thomas Diercks, Hamburg (S. 12, 14, 20, 22, 28, 32, 34, 44, 52, 64, 66, 76, 80, 92, 106, 114, 116, 120)
Christiane Krüger, Hamburg (S. 38, 42)
Antje Plewinski, Berlin (S. 26, 70, 110, 112, 157)
Hans-Joachim Schmidt, Hamburg (S. 4–10, 16, 18, 24, 30, 36, 40, 46–50, 54–62, 68, 72, 74, 78, 82–90, 94–104, 108, 122–130, 134–156)
Brigitte Wegner, Bielefeld (S. 132)

Rezeptentwicklung und -beratung Gerhard Ruhle, Zenting

Foodstyling Marlies Klosterfelde-Wentzel, Hamburg

Nährwertberechnungen Nutri Service, Hennef

Grafisches Konzept kontur:design, Bielefeld
Titelgestaltung kontur:design, Bielefeld
Satz kontur:design, Bielefeld

Reproduktionen Mohn Media Mohndruck GmbH, Gütersloh
Druck und Bindung Mohn Media Mohndruck GmbH, Gütersloh

ISBN 978-3-7670-0856-4